Das Recht lernt aus Anlaß von Konflikten.

Niklas Luhmann, *Das Recht der Gesellschaft*,
Frankfurt am Main 1993, S. 567.

Manche Dinge lassen sich leichter legalisieren als legitimieren.

Nicolas Chamfort, »Maximen und Gedanken«,
in: *Die französischen Moralisten*. La Rochefoucauld,
Vauvenargues, Montesquieu, Chamfort,
übers. und hrsg. von Fritz Schalk,
2. Aufl., Bremen 1980, S. 343–447, hier S. 370.

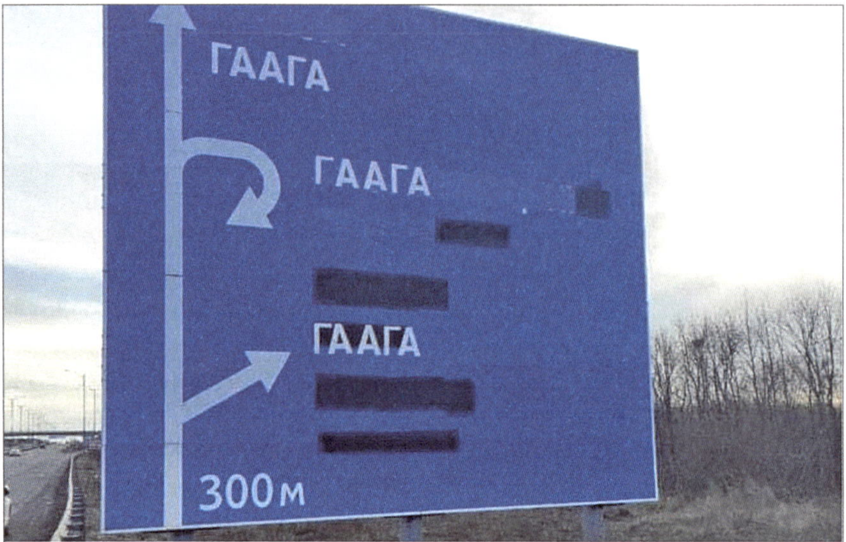


**Die Nachrichten**
@DLFNachrichten

+++ Eil +++ Der Internationale Strafgerichtshof in Den Haag hat nach dem russischen Einmarsch in die Ukraine Ermittlungen zu Kriegsverbrechen aufgenommen.

0:19 · 03 März 22 · TweetDeck

Oblast' Čerkasy, Ukraine im Frühjahr 2022: Ein überklebtes Straßenschild auf der Autobahn M-05 Kyjiv – Odesa. Für die Invasoren führen alle Wege nach »Gaaga« (ukr./russ. Den Haag). Bereits am 2. März 2022 kündigte der dort ansässige Internationale Strafgerichtshof (ICC) an, eine Untersuchung russischer Kriegsverbrechen aufzunehmen.

*Henning de Vries / Alfons Bora*



# Für eine rechtssoziologische Analyse der liberalen Weltordnung

Das Recht zieht eine Grenze zwischen erlaubtem und unerlaubtem Verhalten. Ein Rechtsbruch überschreitet diese Grenze und enttäuscht rechtliche beziehungsweise gesellschaftliche Erwartungen. Man denke hier an Phänomene des Alltagslebens ebenso wie an Kriege und Konflikte, die das allgemeine Gewaltverbot aus der Charta der Vereinten Nationen oder die Regeln des humanitären Völkerrechts für militärische Gewaltanwendung missachten. Der seit dem 7. Oktober 2023 in aller Grausamkeit verschärfte Nahostkonflikt, die vollständige Eroberung Bergkarabachs durch Aserbaidschan am 20. September 2023 oder der am 22. Februar 2022 begonnene russische Angriffskrieg gegen die Ukraine führen uns derartige Grenzüberschreitungen vor Augen.[1] Sie verletzen völkerrechtliche Normen und konterkarieren das in der Charta der Vereinten Nationen formulierte Ziel, »den Weltfrieden und die internationale Sicherheit zu wahren«.[2] Zugleich verweisen sie auf eine Limitation des Rechts: Auch wenn es normative Landmarken liefert, Grenzen des Erlaubten festlegt und Entscheidungsverfahren der internationalen Politik strukturiert, wie im Sicherheitsrat der Vereinten Nationen, löst es offensichtlich keine aktuellen Konflikte und verhindert keine Kriege. In einer mittlerweile vergangenen Phase relativer globaler Stabilität war uns dies kaum noch bewusst. Nach Jahrzehnten des Erfolgs scheint die liberale Weltordnung, die sich nach dem Zweiten Weltkrieg entfaltet hat, nun unter Druck geraten zu sein. Die von Francis Fukuyama formulierte Hoffnung, dass sich mit dem Ende des Kalten Krieges Anfang der 1990er-Jahre die liberalen Institutionen dauerhaft durchsetzen, wurde schon lange kritisch diskutiert und gilt inzwischen als endgültig widerlegt.[3]

1 Zum Nahostkonflikt siehe Robin Ramsahye, »Israel and Gaza in the Heat of the Moment«, in: *Völkerrechtsblog*, 2. 11. 2023; online unter: https://doi.org/10.17176/20231102-223438-0 [23. 1. 2024]. Zum Konflikt um Bergkarabach siehe Sarah Babaian / Gurgen Petrossian, »Alle Macht den Staaten?«, in: *Völkerrechtsblog*, 6. 3. 2023; online unter: https://doi.org/10.17176/20230306-185028-0 [23. 1. 2024]; Andrew Forde / Sheila Paylan, »Faith No More. Azerbaijan's Abdication of Duty towards the Armenians of Nagorno-Karabakh«, in: *Opinio Juris*, 27. 9. 2023; online unter: https://opiniojuris.org/2023/09/27/faith-no-more-azerbaijans-abdication-of-duty-towards-the-armenians-of-nagorno-karabakh/ [23. 1. 2024]. Zum russischen Angriffskrieg auf die Ukraine siehe den Themenschwerpunkt des *Journal of International Criminal Justice* 20 (2022), 4, S. 783–909.

2 Charta der Vereinten Nationen, Art. 1, Nr. 1.

3 Francis Fukuyama, *Das Ende der Geschichte*. Wo stehen wir?, übers. von Helmut Dierlamm, Ute Mihr und Karlheinz Dürr, München 1992.

Rechtliche Grenzüberschreitungen sind in vielfältiger Hinsicht zu beobachten. Dabei bleibt die Frage offen, welche Aufgabe das Recht in Bezug auf solche Grenzüberschreitungen jenseits aller berechtigten Erwartungen an seine friedensstiftende Rolle tatsächlich übernimmt beziehungsweise übernehmen kann. Dieser Frage wollen wir mit dem vorliegenden Heft nachgehen. Im klassisch-liberalen Verständnis gilt das Recht eher als Instrument der Politik und zugleich als Gegenpol der Macht. Ein solches Verständnis führt in der Beobachtung von rechtlichen Grenzüberschreitungen zu der Schlussfolgerung, die liberale Weltordnung sei im Niedergang begriffen.[4] In diesem einleitenden Beitrag erläutern wir kurz das liberale Rechtsverständnis im Kontext der internationalen Beziehungen und kontrastieren dies mit einer rechtssoziologischen Analyse der liberalen Weltordnung. Die folgenden Beiträge werfen einen rechtssoziologischen Blick auf globale Ereignisse, der sich von der liberalen Vorstellung des Rechts abgrenzt und deutlich macht, dass die heutige, durch das Völkerrecht verkörperte Weltrechtsordnung durchaus mit Grenzüberschreitungen umgehen kann.

## Zum liberalen Rechtsdenken

Das moderne, europäisch geprägte Verständnis von Recht und Macht sowie dessen wissenschaftliche Reflexion setzen bei der Frage an, wie soziale Ordnung möglich ist.[5] Thomas Hobbes geht zunächst von einem Krieg eines jeden gegen jeden als Naturzustand aus, den ein wechselseitiger Vertrag aller Gesellschaftsmitglieder beendet. Dieser Vertrag begründet die staatliche Souveränität. Der Staat erhält seine Macht qua Vertrag und ist deshalb gegenüber den Gesellschaftsmitgliedern verpflichtet, diese Macht zu deren Schutz einzusetzen. Soziale Ordnung entsteht, weil die Macht eines jeden Gesellschaftsmitglieds durch das Recht eines Vertrags begrenzt wird. Die im Souverän monopolisierte Gewalt dient der Aufrechterhaltung der sozialen Ordnung.[6]

Das liberale Rechtsdenken knüpft an die Hobbes'sche Vertragstheorie an. Alle Gesellschaftsmitglieder sind als Rechtsträger:innen anerkannt. Sie begründen den Gesellschaftsvertrag und sind damit geschützt vor Übergrif-

4 Hendrik Simon, »Können wir dem Völkerrecht (noch) trauen? Die russische Aggression gegen die Ukraine und die diskursive Autorität internationaler Normen«, in: *Soziale Systeme* 28 (2024), 2, S. 279–299; Haro L. Karkour, »Liberal Modernity and the Classical Realist Critique of the (Present) International Order«, in: *International Affairs* 98 (2022), 2, S. 569–586; G. John Ikenberry, *A World Safe for Democracy*. Liberal Internationalism and the Crises of Global Order, New Haven, CT 2020.

5 Desmond P. Ellis, »The Hobbesian Problem of Order. A Critical Appraisal of the Normative Solution«, in: *American Sociological Review* 36 (1971), 4, S. 692–703.

6 Wolfgang Kersting, *Vertragstheorien*. Kontraktualistische Theorien in der Politikwissenschaft, Stuttgart 2016.

fen anderer Gesellschaftsmitglieder sowie des Souveräns. Solche Schutzrechte werden als negative Freiheitsrechte bezeichnet, weil sie der Abwehr anderer Interessen dienen, um die individuelle Freiheit zu gewährleisten.[7]

Recht und Macht gelten als einander begrenzende und insofern einander zuwiderlaufende Konzepte. Ungezügelte Macht führt zum Krieg eines jeden gegen jeden oder zu Unterdrückung gesellschaftlicher Gruppen durch andere. Das Recht ist das Mittel, dies zu verhindern und Frieden zu bewahren. Die Theorie der Internationalen Beziehungen (IB) geht davon aus, dass die Abwesenheit eines Souveräns oder einer vergleichbaren Koordinationsinstanz notwendigerweise zu Anarchie führt, denn ohne eine Instanz, die über die Kompetenz zu seiner Durchsetzung verfügt, kann sich das Recht nicht etablieren. Daher ist das Völkerrecht, für dessen Durchsetzung es keine übergeordnete Institution gibt, davon abhängig, dass Staaten ein Interesse daran haben, es zu befolgen.[8] Neuere Diskussionsstränge wie der World-Polity-Ansatz sprechen zwar nicht von Anarchie, rücken aber weiterhin Politik beziehungsweise Macht in den Fokus: Soziale Ordnung in den internationalen Beziehungen ist nur über Politik möglich.[9] Anders als Thomas Hobbes geht die IB-Theorie von rational handelnden Staaten aus, die kein Interesse an einem Krieg aller gegen alle haben.[10]

Einige Vertreter:innen liberaler Ansätze, wie Michael Zürn, halten Global Governance für möglich. Er versteht darunter »die Ausübung von Autorität über nationale Grenzen hinweg sowie vereinbarte Normen und Regeln jenseits des Nationalstaates, die beide mit dem Hinweis auf gemeinsame Güter oder transnationale Probleme begründet werden«.[11] Nach dieser Auffassung erhalten die Akteure in einem solchen System Rechte und Pflichten aufgrund einer emergenten normativen Ordnung. Diese Ordnung ist durch drei Prinzipien gekennzeichnet: 1. Es lassen sich globale Rechtfertigungsdiskurse beobachten, denen sich weder Staaten noch andere Akteure entziehen können. 2. Es gibt global geteilte Güter und Ziele, für die sich Staaten und andere Akteure auf rechtliche Regulierungen einigen. 3. Dem liegt der generelle Glaube an die Möglichkeit internationaler Autorität zu-

7 Elif Özmen, *Was ist Liberalismus?*, Berlin 2023, S. 82 ff.; Christoph Möllers, *Freiheitsgrade.* Elemente einer liberalen politischen Mechanik, Berlin 2020; Bernard Williams, *In the Beginning Was the Deed.* Realism and Moralism in Political Argument, Princeton, NJ 2005, S. 94.

8 Stephen J. Majeski / Shane Fricks, »Conflict and Cooperation in International Relations«, in: *The Journal of Conflict Resolution* 39 (1995), 4, S. 622–645; Robert Axelrod / Robert O. Keohane, »Achieving Cooperation under Anarchy. Strategies and Institutions«, in: *World Politics* 38 (1985), 1, S. 226–254.

9 Mathias Albert, *A Theory of World Politics*, Cambridge 2016.

10 James D. Fearon, »Rationalist Explanations for War«, in: *International Organization* 49 (1995), 3, S. 379–414.

11 Michael Zürn, *A Theory of Global Governance.* Authority, Legitimacy, and Contestation, Oxford 2018, S. 3 f. (unsere Übers., H.d.V./A.B.).

grunde.[12] Allerdings fokussiert auch der Global-Governance-Ansatz auf die Politik, die durch normative Prinzipien zu regulieren ist.

Zürn greift den liberalen Grundgedanken auf, dass politische Autorität begrenzt werden muss und aus diesem Grund legitimationsbedürftig ist.[13] Sie ist legitim, sofern sie sich an sozialen Zwecken orientiert. Weiterhin ist Rechtsstaatlichkeit für Zürn ein wichtiger Aspekt der Legitimation politischer Autorität.[14] Die vorgestellte Global-Governance-Theorie geht auch davon aus, dass Staaten und andere Akteure globale Probleme mittels einer Koordination sozialen Handelns lösen können und wollen. Dies ist der Kern der liberalen Fortschrittserzählung, die wie folgt lautet:[15] Mit dem Ende des Zweiten Weltkriegs entsteht eine Weltordnung, die die zwischenstaatliche Gewalt durch das rechtliche Regelwerk der Charta der Vereinten Nationen einhegt. Allen Regeln voran stehen das allgemeine Gewaltverbot und das Verbot der Intervention in die politische Unabhängigkeit der Staaten. Eine 1970 in der Generalversammlung der Vereinten Nationen verabschiedete Resolution führt die in der Charta formulierten Grundsätze des friedlichen Zusammenlebens in den internationalen Beziehungen aus.[16] In Anlehnung an Zürn lassen sich hier globale Güter wie Frieden, Sicherheit, Freiheit oder Gerechtigkeit identifizieren, die als Grundlage für die Kooperation unter den Staaten dienen sollen. Während sich die liberalen IB-Konzepte also auf die Entwicklung einer Weltrechtsordnung konzentrieren, betrachten andere, vor allem realistische Ansätze jede Völkerrechtsverletzung als Beweis dafür, dass es in der zwischenstaatlichen Anarchie eine zentral koordinierende Autorität braucht.[17] Beide Theoriestränge – Liberalismus und Realismus – können für ihre jeweilige Sichtweise auf die internationalen Beziehungen empirische Belege anführen.

Das Völkerrecht bietet mit der Charta der Vereinten Nationen die Rahmenbedingung und ist zugleich das Mittel für die Bewahrung von Frieden und Sicherheit auf der Welt. Das humanitäre Völkerrecht und das Völkerstrafrecht spielen für die Konzeption der liberalen Weltordnung eine besondere Rolle, weil sie militärische Gewalt regulieren (humanitäres Völkerrecht) und die Verletzung globaler Rechtsgüter sanktionieren sollen (Völkerstrafrecht). Mit dem Völkerstrafrecht und dem Internationalen Strafgerichtshof

12 Ebd., S. 7 f.
13 Ebd., S. 65.
14 Ebd., S. 72 f.
15 Michelle Egan / Kolja Raube / Jan Wouters / Julien Chaisse (Hg.), *Contestation and Polarization in Global Governance.* European Responses, Cheltenham 2023; Lynn A. Hunt, *Inventing Human Rights.* A History, New York 2007.
16 General Assembly (Hg.), »Declaration on Principles of International Law Concerning Friendly Relations and Cooperation among States in Accordance with the Charter of the United Nations«, Resolution 2625 (XXV), Preamble, 24. 10. 1970; online unter: https://digitallibrary.un.org/record/202170?v=pdf [25. 3. 2024].
17 David Polansky, »Drawing Out the Leviathan. Kenneth Waltz, Hobbes, and the Neorealist Theory of the State«, in: *International Studies Review* 18 (2016), 2, S. 268–289.

(ICC) verbindet sich die liberale Hoffnung, ein durchsetzungsfähiges Instrument geschaffen zu haben. Allerdings steht der Gerichtshof immer wieder in der Kritik: Jede wahrgenommene Diskriminierung – wie der Ermittlungsfokus auf den afrikanischen Kontinent – und jede (vermutete) fehlende Durchsetzung – etwa beim Haftbefehl gegen den russischen Präsidenten Wladimir Putin – schwächen seinen Anspruch, sich gegenüber den Staaten durchzusetzen.[18] Die aktuellen Kriege und Konflikte verstärken den Verdacht, dass das Völkerrecht nicht, wie im liberalen Denken vorgesehen, in der Lage ist, die Macht der Staaten zu begrenzen. Wenn dies zutrifft, was leistet es dann?

## Aus einer soziologischen Perspektive

Mit dieser Frage lassen wir die – in der Sache berechtigten und nachvollziehbaren – normativen Überlegungen aus Politik- und Rechtswissenschaft beiseite. Unser Augenmerk richtet sich stärker auf die empirische Ebene, das heißt auf die tatsächlichen Leistungen des Rechts in der beschriebenen globalen Krisensituation. Aus einer solchen soziologischen Perspektive ist von einer grundsätzlichen Regelgeleitetheit des Sozialen und im Weiteren von der Weltgesellschaft als sozialtheoretischem Rahmen auszugehen. Der Begriff der Weltgesellschaft löst die räumliche Beschränkung des Gesellschaftsbegriffs vom Territorium eines Staates. Die Weltgesellschaft erfasst jede mögliche Kommunikation und geht davon aus, dass diese immer sozialen Regeln folgt.[19]

In kontingenten sozialen Situationen entstehen aus den wechselseitigen Erwartungen der beteiligten Staaten, internationalen Organisationen (beispielsweise internationale Gerichte) und Individuen globale Strukturen, die sich mit der Zeit in verschiedenen Bereichen – wie der zwischenstaatlichen Streitschlichtung, dem globalen Postwesen, der Zeitmessung durch Standardisierung der Uhrzeit in Zeitzonen – etablieren.[20] Auch das Völkerrecht ist eine solche globale Struktur, es hat sich vor allem seit dem 19. Jahrhundert mittels zahlreicher völkerrechtlicher Verträge zwischen europäischen Staaten ausdifferenziert. Das Völkerrecht erbringt, soziologisch betrachtet, eine verhaltenskoordinierende Leistung, indem es Erwartungssicherheit

18 Oumar Ba, *States of Justice.* The Politics of the International Criminal Court, Cambridge 2020; Gerhard Werle / Moriz Vormbaum, »Afrika und der Internationale Strafgerichtshof«, in: *JuristenZeitung* 70 (2015), 12, S. 581–588; Sarah M. H. Nouwen / Wouter G. Werner, »Doing Justice to the Political. The International Criminal Court in Uganda and Sudan«, in: *European Journal of International Law* 21 (2010), 4, S. 941–965.

19 Theresa Wobbe, *Weltgesellschaft*, Bielefeld 2000.

20 John Boli / George M. Thomas, »World Culture in the World Polity. A Century of International Non-Governmental Organization«, in: *American Sociological Review* 62 (1997), 2, S. 171–190.

gewährleistet. Institutionalisierte normative Erwartungen sind in zeitlicher Hinsicht stabil, das heißt, sie gelten – trotz situativer Enttäuschung – dauerhaft. Erwartungsstabilität mittels Recht heißt: Man kann sich (sozial erfolgreich) auf Recht berufen, um normative Erwartungen zu untermauern.[21] Dies geschieht immer dann, wenn in Kriegen und Konflikten eine Partei die andere dafür kritisiert, rechtliche Grenzen überschritten zu haben. An den enttäuschten normativen Erwartungen kann festgehalten werden und erst dadurch ist es möglich, die Grenzüberschreitung zu beobachten und zum Gegenstand weiterer Kommunikation zu machen.[22]

Die zeitliche Stabilität normativen Erwartens ermöglicht eine Koordination von Verhalten über einzelne soziale Situationen hinaus und erzeugt gesellschaftsweite Geltung. Das Recht kann hier, wie auch in alltäglichen Kommunikationen, als Kommunikationsmedium dienen. Es kürzt gleichsam weitere Kommunikationen ab, indem es empirische Gründe für die Kommunikationsannahme bereithält. Daneben stellt es Elemente zur Verfügung – rechtlich begründete normative Erwartungen –, die Formbildungen jenseits des Rechts ermöglichen. Man denke beispielsweise an Konfliktlösungen wie Schlichtungsverfahren, also den Umbau von spezifischen verhärteten Strukturen in Kommunikationszusammenhängen. Die oben genannten Ziele in den internationalen Beziehungen – Frieden und Sicherheit – beschreiben keine primären Funktionen des Rechts, sondern können sich – immer in anderen Funktionsbereichen, also etwa im Militär, in der Politik und so weiter – mithilfe des Einsatzes rechtlicher Instrumente als indirekte Leistungen des Rechts einstellen. Dies weist auf die Möglichkeiten, zugleich aber auch auf die begrenzte Reichweite des Rechts hin. Letztere bietet den Anlass für unsere Überlegungen: Das Recht kann seine Leistungen für andere Funktionssysteme nur im Rahmen von *deren* Strukturen (etwa Macht oder militärische Gewalt) und nach den dort geltenden Operationsmustern verfügbar machen. Es beantwortet keine Machtfragen, beendet keine militärische Auseinandersetzung, löst keine internationalen Spannungen, verhindert nicht Folter und Mord. Es beschreibt allenfalls in der ihm verfügbaren Sprache, was es dort beobachtet, und unterzieht die Beobachtung der ihm verfügbaren Codierung (Recht/Unrecht).

## Zu diesem Heft

Man könnte auf dieser Grundlage die Leistungen des Rechts für andere Funktionssysteme und damit die Wirksamkeit des Rechts insgesamt, also die Möglichkeit gesellschaftliche Verhältnisse zu beeinflussen, bezweifeln – siehe

21 Niklas Luhmann, *Das Recht der Gesellschaft* [1993], 7. Aufl., Frankfurt am Main 2018, S. 124 ff.

22 Niklas Luhmann, *Rechtssoziologie* [1972], 4. Aufl., Wiesbaden 2008, S. 53 ff.

etwa die steuerungstheoretische Debatte innerhalb der (Rechts-)Soziologie.[23] Inzwischen hat sich die Sichtweise geändert. Neuere Ansätze befassen sich mit der Frage, wie Einflussmöglichkeiten zwischen autonom operierenden sozialen Systemen theoretisch zu konzipieren sind und wie sie realiter funktionieren.[24] Die Beiträge unseres Heftes zur Rolle des Rechts in den Krisen der Weltgesellschaft profitieren von diesen und vergleichbaren Ansätzen. Sie analysieren auf empirischer Ebene die Möglichkeiten rechtlicher Regulierung angesichts der geschilderten Grenzüberschreitungen. Dafür muss kein direkter Einfluss des Rechts auf die zu regelnden Sachverhalte angenommen werden, die rechtliche Kommunikation über Macht oder Gewalt konkurriert in den damit befassten Funktionssystemen vielmehr mit jeweils anderen Beobachtungen um Aufmerksamkeit. Die Chance, dass sich ein Feld wie die internationale Politik oder das Militär von rechtlichen Erwägungen irritieren lässt, steigt deshalb mit der Fähigkeit des Rechts, sich auf die Eigenrationalitäten der betreffenden Sozialbereiche einzustellen.

Hinsichtlich der rezenten Konflikte stellt sich vor dem Hintergrund der hier kurz angerissenen Theoriegrundlage die Frage nach der tatsächlichen Leistungsfähigkeit des Rechts. Damit befasst sich – unabhängig von der Mobilisierung guter normativer Gründe in Rechts- und Politikwissenschaft – die Soziologie der Weltrechtsordnung. Sie liegt als solche noch nicht in ausgearbeiteter Form vor. Systematische Ansätze sind jedoch an verschiedenen Stellen erkennbar.[25] Die Beiträge dieser Ausgabe sollen weitere Bausteine dazu beisteuern.

Hendrik Simon zeigt in seinem Beitrag, dass Gewalt nicht nur innerhalb des Staates, sondern auch auf inter- und transnationaler Ebene rechtfertigungsbedürftig ist. Internationale Normen, so sein Argument, verunmöglichen keineswegs Gewalt in inter- oder transnationaler Politik. Allerdings weist Simon in seiner historischen Rekonstruktion von Kriegsrechtfertigungen nach, wie internationale Normen die Bedingungen festlegen, unter denen die Anwendung militärischer Gewalt begründet werden kann – und muss. Völkerrechtliche Erwartungen strukturieren also die Kommunikationsprozesse internationaler Politik, in die zu vertrauen sich lohnt.

23 Niklas Luhmann, »Steuerung durch Recht? Einige klarstellende Bemerkungen«, in: *Zeitschrift für Rechtssoziologie* 12 (1991), 1, S. 142–146.

24 Marc Mölders, »Korrektur und Gesellschaft. Zur Aktualisierung differenzierungstheoretischen Gestaltungsdenkens«, in: *Zeitschrift für Theoretische Soziologie* 10 (2021), 2, S. 196–209.

25 Gunther Teubner, *Verfassungsfragmente*. Gesellschaftlicher Konstitutionalismus der Globalisierung, Berlin 2012; Aldo Mascareño, *Die Moderne Lateinamerikas*. Weltgesellschaft, Region und funktionale Differenzierung, Bielefeld 2014; Marco Antonio Loschiavo Leme de Barros / Lucas Fucci Amato / Gabriel Ferreira da Fonseca (Hg.), *World Society's Law*. Rethinking Systems Theory and Socio-Legal Studies, Porto Alegre 2020; Lars Viellechner, »Das Recht der Weltgesellschaft. Systemtheoretische Beschreibung und Kritik«, in: Marc Amstutz / Andreas Fischer-Lescano (Hg.), *Kritische Systemtheorie*. Zur Evolution einer normativen Theorie, Bielefeld 2013, S. 285–304.

Im Beitrag von Regine Schwab geht es darum, wie der völkerrechtliche Schutz von Zivilist:innen und zivilen Objekten die Kriegführung verändert hat. Mit dem Schutz von Zivilist:innen und zivilen Objekten, dem technologischen Fortschritt von Waffen sowie den auf diesen beiden Komponenten beruhenden militärischen Strategien haben Schwab zufolge indirekte Angriffe auf die Zivilbevölkerung zugenommen. Sie erläutert anhand der Kriegführung der USA, wie zielgenau diese zivile Infrastruktur zerstören, um den Gegner in die Knie zu zwingen. Die Argumentation von Regine Schwab verdeutlicht, dass das Recht nicht zwangsläufig zu normativ wünschenswerten Ergebnissen führt, selbst wenn es militärische Strategien prägt.

Linn-Sophie Löber thematisiert in ihrem Aufsatz die Genderimplikationen im Völkerstrafrecht. Ihr geht es darum, die Auswirkungen genderspezifischer Zuschreibungen auf den Aufarbeitungsprozess innerstaatlicher Gewaltkonflikte aufzuzeigen: Völkerstrafrechtliche Verfahren konzentrierten sich auf (männliche) Täter und ordneten Frauen als Bystander ein. Dies verhindere eine kollektive Übernahme von Verantwortung für die stattgefundene Gewalt. Machtbezogene Geschlechterunterschiede heteronormativer wie patriarchaler Strukturen, dies macht Löber deutlich, sind auch in das Völkerrecht eingeschrieben.

Wie verbindlich kann das Völkerrecht (noch) sein, wenn es in so viele Konflikte und Widersprüche verstrickt ist? Dieser Frage geht Henning de Vries in seinem Beitrag nach. Im Spannungsfeld zwischen Verbindlichkeit und Widersprüchlichkeit des Völkerrechts analysiert er, wie das Völkerstrafrecht globale Kommunikationsprozesse beeinflusst. Die liberale Weltordnung sei eine regelgeleitete Weltordnung, die zwar nicht alle normativen Hoffnungen auf dauerhaften Frieden erfüllen könne, gleichwohl aber eine Chance biete, globalen Konflikten Einhalt zu gebieten.

*Henning de Vries ist Geschäftsführer des Internationalen Forschungs- und Dokumentationszentrums Kriegsverbrecherprozesse (ICWC) an der Philipps-Universität Marburg.*
*henning.devries@jura.uni-marburg.de*

*Alfons Bora war von 1999 bis 2023 Professor für Soziologie an der Universität Bielefeld.*
*alfons.bora@uni-bielefeld.de*

*Hendrik Simon*

# Vertrauen und entgrenzte Gewalt

## Zu einer »besonderen Konstellation der Moderne« auf inter- und transnationaler Ebene

»Vertrauen in der Moderne – in der einen wie der anderen Gestalt – ist ohne staatliches Gewaltmonopol nicht denkbar.«[1] Diese These steht im Zentrum von Jan Philipp Reemtsmas bahnbrechendem Buch *Vertrauen und Gewalt*, das 2008 erschienen ist. Sie ist zugleich Ausgangspunkt für den vorliegenden Beitrag, in dem ich eine kritische Erweiterung von Reemtsmas Überlegungen auf die inter- und transnationale Ebene anregen will.

Was meint Reemtsma, wenn er vom »Vertrauen in die Moderne« spricht? Er argumentiert historisch-rechtssoziologisch und erklärt die spezifische Gewaltferne moderner Gesellschaften mit der allmählichen Herausbildung des modernen Staates seit der Frühen Neuzeit. Mit Letzterem ging, so Reemtsma, eine »Transformation des sozialen Bindemittels Vertrauen« einher.[2] An die Stelle von interpersonalem Vertrauen trat demnach mehr und mehr das Vertrauen in die Institutionen des modernen Staates, oder, in den Worten Reemtsmas, »in die Stabilität der funktionalen Differenzierung und [...] in deren Garantie sowie gleichzeitig in ihre Kompensierung durch die Einheitsfiktion in der als Staat verfassten Nation«.[3]

Reemtsma versteht das staatliche Gewaltmonopol damit nicht als Zustand, sondern als historischen Prozess der Monopolisierung von Gewalt, »von der Entwaffnung bestimmter Gruppen bis hin zu der Entwaffnung aller, abgesehen von speziell Lizenzierten, deren Aufgabe es ist, das Monopol zu verteidigen«.[4] Das Gewaltmonopol erzwinge damit eine Gesellschaft, »in der es ausgeschlossen ist [oder jedenfalls sein soll], dass Einzelne oder Gruppen ihre Angelegenheit unter- respektive gegeneinander mit Waffengewalt regeln; Abweichungen von dieser Norm werden geahndet«.[5]

Die Entwicklung des Staates war mit einer Differenzierung zwischen legitimer Rechtsgewalt (*potestas*) und illegitimer Willkürgewalt (*violentia*) verbunden.[6] Diese Unterscheidung ermöglicht das Vertrauen in die für die

1 Jan Philipp Reemtsma, *Vertrauen und Gewalt*. Versuch über eine besondere Konstellation der Moderne, Hamburg 2008, S. 96.

2 Ebd., S. 33.

3 Ebd., S. 96.

4 Ebd., S. 98.

5 Ebd.

6 Siehe dazu auch Lothar Brock / Hendrik Simon, »Die Selbstbehauptung und Selbstgefährdung des Friedens als Herrschaft des Rechts«, in: *Politische Vierteljahresschrift* 59 (2018), 2, S. 269–291.

Moderne grundlegende »wechselseitige Unterstellung, im Umgang miteinander müsse mit gewalttätigen Übergriffen nicht gerechnet werden«.[7] Unter Vertrauen versteht Reemtsma mit Luhmann eine »gemeinsame Stabilitätsannahme« aufgrund der »Erwartung, dass jemand etwas tut« beziehungsweise »dass er etwas unterlässt«.[8] Für Reemtsma ermöglicht das staatliche Gewaltmonopol die Norm des Gewaltverbots, weil der moderne Staat einen verlässlichen, sanktionsbewehrten normativen Rahmen bietet, in dem jede Gewaltanwendung einem erhöhten Rechtfertigungsbedarf unterliegt. Nicht staatliche Gewalt ist damit weitgehend verboten, und auf dieses Verbot kann grundsätzlich vertraut werden. Gewaltlosigkeit ist – auch in privaten und politischen Konflikten – die Norm.

Diese letztlich auf Thomas Hobbes zurückgehende These der Rechtfertigungsbedürftigkeit von Gewalt im Staat erscheint triftig und empirisch gut begründet. Sie übersieht allerdings, dass Gewalt auch auf inter- und transnationaler Ebene stets Normen unterlag, auf die quer durch die Geschichte hindurch im eben definierten Sinne vertraut werden konnte. Erstaunlicherweise hat sich die Forschung zu Gewalt und Rechtsvertrauen bislang weitgehend auf die innerstaatliche Ebene fokussiert. Selbst Niklas Luhmann, der seine Gesellschaftstheorie ausdrücklich als Theorie der Weltgesellschaft formulierte, hat über den Zusammenhang von Vertrauen und Recht vornehmlich mit Blick auf den normativ und territorial klar abgegrenzten modernen Staat nachgedacht. Und auch in der Vertrauensforschung der politikwissenschaftlichen Teildisziplin der Internationalen Beziehungen haben internationale Normen bislang keine große Rolle gespielt – mit wenigen Ausnahmen.[9]

Dieses Forschungsdesiderat hat politische Realist:innen in ihrer Annahme bestärkt, dass inter- und transnational nicht auf eine normative Beschränkung von Gewalt vertraut werden dürfe. Insbesondere ›offensive‹ Realist:innen wie John Mearsheimer sind der Ansicht, dass es in den internationalen Beziehungen ohnehin nur wenig Raum für Vertrauen zwischen Staaten gebe.[10] Vertrauen in internationales Recht und damit in Normativität jenseits eines staatlichen Gewaltmonopols erscheint vielen Realist:innen absurd, gleich dem Glauben an eine Fiktion. Der eklatante Völkerrechtsbruch im Rahmen des russischen Angriffs gegen die Ukraine hat entsprechenden Einschätzungen zu größerer Popularität verholfen: So hat etwa Herfried Münkler im Jahr 2022 argumentiert, dass nun auch »dem letzten« klar geworden sein sollte, dass in der internationalen Politik anstelle »von Vertrauen und vertrauensfördernden Maßnahmen generalisiertes Misstrauen

7 Reemtsma, *Vertrauen und Gewalt*, S. 184.

8 Ebd., S. 30.

9 Siehe etwa Nicholas Rengger, »The Ethics of Trust in World Politics«, in: *International Affairs* 73 (1997), 3, S. 469–487.

10 John J. Mearsheimer, *Lüge!* Vom Wert der Unwahrheit, übers. von Andreas Simon dos Santos, Frankfurt am Main / New York 2011.

angezeigt ist«.[11] Das mit der Weltgemeinschaft – und man kann im Sinne dieses Themenhefts noch ergänzen: das mit dem Weltrecht – könnten wir uns also »abschminken«, so Münkler pointiert.[12] Wo aber Vertrauen in die Bindekraft von Normen fehlt, wird auch die Rechtfertigung von Gewalt zum naiven Irrtum – oder zum machtpolitischen Instrument.

Im vorliegenden Beitrag widerspreche ich dieser Einschätzung und dem ihr zugrunde liegenden Irrtum: der oben skizzierten Annahme, dass das Vertrauen in die Norm der Gewaltfreiheit eines staatlichen Gewaltmonopols bedürfe. Anknüpfend an ein von mir gemeinsam mit Lothar Brock am Leibniz-Institut für Friedens- und Konfliktforschung (PRIF) geleitetes Forschungsprojekt zu Kriegsrechtfertigungen als Praktiken der Weltordnung,[13] halte ich diesem wissenschaftlichen Mainstream entgegen, dass Gewalt durch die Geschichte hindurch auch auf inter- und transnationaler Ebene stets legitimationsbedürftig war. Diese Rechtfertigungen sind zugleich ein empirischer Schlüssel, um mehr über das Vertrauen in internationale Normen zu lernen.

Mein Beitrag ist damit auch eine kritische Intervention gegen den jüngsten Bedeutungsgewinn des sogenannten politischen Realismus in der sogenannten Zeitenwende. Wie die Geschichte der Kriegslegitimation belegt, waren Staaten niemals ›berechtigt‹, Gewalt nach eigenem politischem Ermessen zu führen. Kriege waren vielmehr immer auch von Erwägungen über ihre normative Zulässigkeit geprägt. Gewalt galt im inter- und transnationalen Raum regelmäßig als problematisch. Das bedeutet zugleich, dass »Vertrauen in der Moderne« durchaus auch jenseits des staatlichen Gewaltmonopols denkbar ist.

Nach einer theoretischen Einführung entfalte ich dieses Argument mithilfe einer historischen Genealogie inter- und transnationaler Gewaltrechtfertigungen. Anschließend diskutiere ich die Einsichten dieser genealogischen Skizze anhand jüngerer Debatten (zu den Kriegen in der Ukraine und im Nahen Osten), bevor ich im Fazit über Kontinuität und Wandel in diesem Diskurs reflektiere. Klar wird dabei, dass die Entgrenzung von Gewalt jenseits des Nationalstaates immer auch die normative Begrenzung der Gewalt auf die Probe stellt. Dabei geht es um Konflikte über die diskursive Autorität differenter Normen, ohne dass dabei die grundlegende normative Proble-

11 Herfried Münkler, »›Das mit der Weltgemeinschaft können wir uns abschminken‹«, in: *Deutschlandfunk*, 25.2.2022; online unter: https://www.deutschlandfunkkultur.de/muenkler-putin-russland-100.html [29.4.2024].

12 Ebd.

13 Zentrale Projektpublikationen sind Lothar Brock / Hendrik Simon (Hg.), *The Justification of War and International Order*. From Past to Present, Oxford 2021; und Hendrik Simon, *A Century of Anarchy?* War, Normativity, and the Birth of Modern International Order, Oxford 2024. Für weitere Informationen zum Projekt, siehe auch https://www.prif.org/forschung/projekte/projekt/kriegslegitimationen-und-weltordnungskonzepte-von-der-fruehen-neuzeit-bis-zur-gegenwart [29.4.2024].

matisierung der Gewalt zur Disposition gestellt würde. Vielmehr sind es gerade Konflikte, in denen über das Vertrauen in Normen der internationalen Ordnung verhandelt wird. Vertrauen bewährt sich also gerade im Konflikt.[14]

## Vertrauen – entgrenzte Gewalt – Recht(fertigung): Konzeptionelle Überlegungen zu einer besonderen Konstellation

Der Politikwissenschaftler Nicholas Rengger hat 1997 in einem wegweisenden Aufsatz argumentiert, dass Akteure der internationalen Politik dazu neigen, internationale Normen, Regime und Vorschriften einzuhalten, »und dass diese Neigung zum Teil in einer Vertrauensvermutung wurzelt«.[15] Renggers Argument widerspricht eindeutig dem Grundmisstrauen der Realist:innen und stellt – soweit ich sehe, erstmals – die Vertrauensfrage für die Normenforschung der Internationalen Beziehungen.

Was aber könnte es bedeuten, internationalen Normen zu vertrauen? Zur Klärung der Frage hilft ein Blick in die auf den Nationalstaat fokussierte Forschung, hat diese doch das Verhältnis von (staatlichem) Recht und Vertrauen näher beleuchtet. Niklas Luhmann zufolge besteht die Funktion des Rechts in der »Stabilisierung normativer Erwartungen« an die Zukunft.[16] Normen zu vertrauen, bedeutet demnach eine Reduktion von sozialer Komplexität. Rechtsnormen ermöglichen es zu wissen, welche Erwartungen auf gesellschaftliche Zustimmung stoßen, also als anerkanntes Verhalten gelten können. Ausgehend von dieser Erwartungssicherheit könne man, so Luhmann,

> mit größerer Gelassenheit den Enttäuschungen des täglichen Lebens entgegensehen; man kann sich zumindest darauf verlassen, in seinen Erwartungen nicht diskreditiert zu werden. Man kann sich in höherem Maße riskantes Vertrauen oder auch Mißtrauen leisten, wenn man dem Recht vertrauen kann. Und das heißt nicht zuletzt: Man kann in einer komplexeren Gesellschaft leben, in der personale oder interaktionelle Mechanismen der Vertrauenssicherung nicht mehr ausreichen.[17]

Reemtsma geht, wie eingangs skizziert, davon aus, dass sich mit der Herausbildung des modernen staatlichen Gewaltmonopols zugleich Vertrauen in die Norm des staatlichen Gewaltverbots entwickelt hat. Gewalt, die inner-

14 Damit ist der vorliegende Aufsatz auch ein Beitrag zur Frankfurter Forschungsinitiative ConTrust – Vertrauen im Konflikt Politisches Zusammenleben unter Bedingungen der Ungewissheit, siehe https://contrust.uni-frankfurt.de/ [29. 4. 2024].

15 Rengger, »The Ethics of Trust in World Politics«, S. 469. Alle Übersetzungen englischsprachiger Zitate stammen, sofern nicht anders angegeben, von mir.

16 Niklas Luhmann, *Das Recht der Gesellschaft*, Frankfurt am Main 1993, S. 131.

17 Ebd., S. 132.

halb des staatlichen Referenzrahmens dennoch ausgeführt wird, bedarf daher einer besonderen Begründung. Sie ist als legitime Ausnahme vom Gewaltverbot auszuweisen, welches sie in der Rechtfertigung zugleich wiederum kommunikativ bekräftigt. Diese Norm der Rechtfertigungsbedürftigkeit von Gewalt ist nach Reemtsma die Grundlage allen Vertrauens in die Moderne – als Vertrauen in das Gewaltverbot.

Diese Einsicht ist auch für meine Überlegungen zentral, sie bedarf allerdings der Erweiterung: Die Rechtfertigungsbedürftigkeit von Gewalt – und damit auch das Vertrauen in die Norm der Gewaltlosigkeit – sind nicht auf die staatliche Ebene beschränkt. Zwar ist politischen Realist:innen darin zuzustimmen, dass ein überstaatliches Gewaltmonopol nicht existiert, dennoch können wir quer durch die Geschichte auch auf internationaler Ebene Rechtfertigungen von Gewalt identifizieren.[18] Zudem haben auch nicht staatliche bewaffnete Gruppen wie Rebell:innen, Pirat:innen, Terrorist:innen und andere ihre Gewalt legitimiert und dabei eigene Narrative legitimer Gewaltanwendung entwickelt.[19]

Die Geschichte politischer Gewalt ist zugleich eine Geschichte ihrer Rechtfertigung. Dieser Befund ist allerdings erklärungsbedürftig. Wieso sollten politische Akteure Gewalt in den inter- und transnationalen Beziehungen begründen, wenn sie doch, wie im oben skizzierten Mainstream der Forschung behauptet, jenseits der Grenzen des staatlichen Gewaltmonopols nichts und niemandem vertrauen können?

Für politische Realist:innen mag die Antwort auf diese Frage relativ einfach zu geben sein: Für sie ist eine Gewaltrechtfertigung dann – und nur dann – sinnvoll, wenn sie als machtpolitisches Instrument eingesetzt wird, um durch Rekurs auf Moral oder Ethik die eigentlichen Motive einer Gewaltanwendung zu verschleiern.[20] Politische Gewaltakteure werden demnach, um mit Erving Goffman zu sprechen, zu Schauspieler:innen auf den »Vorderbühnen«[21] der Diplomatie: Ob ein Gewalt ausübender Souverän von der Richtigkeit seines »gerechten Grundes« überzeugt ist, spielt für Realist:innen keine Rolle. Entscheidend ist allein die mit dem Schauspiel diskursiv erzeugte Machtwirkung. Kriegslegitimationen kommt also allen-

18 Brock/Simon (Hg.), *The Justification of War and International Order*; Simon, *A Century of Anarchy?*.

19 Peter Imbusch, »Terrorismus. Akteure, Strategien, Legitimationen«, in: *Bürger & Staat* (2018), 3, S. 194–212; Lauren A. Benton, *They Called It Peace.* Worlds of Imperial Violence, Princeton, NJ 2024.

20 Hans J. Morgenthau, *Politics among Nations.* The Struggle for Power and Peace [1948], 7. Aufl., New York 2006, S. 61; Jack L. Goldsmith / Eric A. Posner, »Moral and Legal Rhetoric in International Relations. A Rational Choice Perspective«, in: *Law and Economics Working Paper* (2000), 108, S. 1–22, hier S. 21.

21 Erving Goffman, *Wir alle spielen Theater.* Die Selbstdarstellung im Alltag, übers. von Peter Weber-Schäfer, München 1959, S. 251.

falls eine »politisch-propagandistische Bedeutung« zu.[22] Sie sind »billiges Geschwätz«.[23] Der Rekurs auf Normen in ihnen dient allein der Täuschung des Adressaten. Carl Schmitt hat dies in seiner radikalen Zurückweisung universeller Normativität besonders pointiert formuliert: »Wer Menschheit sagt, will betrügen.«[24]

Die realistischen Lesarten von Gewaltbegründungen haben einen wahren Kern: Der Legitimation von Gewalt liegt zweifellos immer auch machtpolitisches Kalkül zugrunde. Das liegt in der Natur der Sache selbst. Schließlich geht es um ein geradezu existenzielles Feld der Politik. Wer würde da bezweifeln, dass Gewaltbegründungen zu Manipulationszwecken eingesetzt werden können? Manipulation ist ihr Zweck. Der Rekurs auf Normen dient immer auch politischen Zielen.

Doch steht dieser Befund nicht am Ende der Beschäftigung mit Kriegslegitimationen, sondern am Anfang. Die einfache Kausalbehauptung, wonach Gewaltrechtfertigungen ausschließlich von politischen Machtkalkülen durchdrungen sind, ist unterkomplex. Macht und Normativität schließen einander keineswegs aus, wie Rainer Forst zu Recht feststellt.[25] Selbst wenn eine Kriegsrechtfertigung auf Lügen basiert, wird sie als Quelle für die Analyse von Normen damit keineswegs uninteressant.[26] Vielmehr wird die diskursive Autorität von Normen auch in ihnen bestätigt: Denn politische Akteure beziehen sich in der Rechtfertigung von Gewalt auf national oder international geteilte Normen, weil sie versucht sind, so Lothar Brock, »sich etwas verfügbar zu machen, dessen Wert für sie in seiner Unverfügbarkeit liegt«.[27]

Mit anderen Worten: Eine Rechtfertigung von Gewalt hat nur dann Sinn, wenn die Gewalt ausübenden Akteure annehmen, die eigene Gewalt mit ihrer Begründung jedenfalls potenziell als »angemessenes Verhalten«[28] – und damit als legitime Ausnahme von einem Gewaltverbot oder jedenfalls einer Gewaltproblematisierung – ausweisen zu können. Der Diskurs der Rechtfertigung von Gewalt auf inter- und transnationaler Ebene verweist damit zugleich darauf, dass Gewalt als zu rechtfertigendes Problem wahrge-

22 Wilhelm G. Grewe, *Epochen der Völkerrechtsgeschichte* [1984], 2. Aufl., Baden-Baden 1988, S. 623.

23 Für ein Cheap-Talk-Modell siehe Goldsmith/Posner, »Moral and Legal Rhetoric in International Relations«.

24 Carl Schmitt, *Der Begriff des Politischen*, München/Leipzig 1932, S. 55.

25 Rainer Forst, *Normativität und Macht*. Zur Analyse sozialer Rechtfertigungsordnungen, Berlin 2015.

26 Siehe auch Lothar Brock / Hendrik Simon, »Introduction«, in: dies. (Hg.), *The Justification of War and International Order*, S. 3–25; Simon, *A Century of Anarchy?*, Kap. 2.

27 Lothar Brock, »Frieden durch Recht. Anmerkungen zum Thema in historischem Kontext«, in: Peter Becker / Reiner Braun / Dieter Deiseroth (Hg.), *Frieden durch Recht*, Berlin 2010, S. 15–34, hier S. 31.

28 Martha Finnemore / Kathryn Sikkink, »International Norm Dynamics and Political Change«, in: *International Organization* 52 (1998), 4, S. 887–917, hier S. 891.

nommen wird – und eben nicht ohne Weiteres legitim erscheint, wie Realist:innen behaupten.

Aus konstruktivistischer Perspektive können Gewaltrechtfertigungen vielmehr als soziale Praktiken verstanden werden, in denen über die Normen legitimer Gewaltanwendung gestritten wird. Die Legitimität von Gewalt wird auf inter- und transnationaler Ebene nicht im Rahmen eines Staates mit Gewaltmonopol, sondern im Kontext von historisch wandelbaren »Kommunikationsgemeinschaften«[29] ausgehandelt, in denen die Legitimität von Gewalt umstritten ist. Innerhalb der Kommunikation, die in diesen Gemeinschaften stattfindet – zum Beispiel in Friedensverhandlungen, diplomatischer Korrespondenz, aber auch in Kriegsrechtfertigungen –, werden Normen der legitimen Gewaltanwendung bekräftigt, angefochten, behauptet oder gefordert. Daher sind Gewaltlegitimationen auch auf inter- und transnationaler Ebene als Ausdruck des Vertrauens politischer Akteure »in die Stabilität der funktionalen Differenzierung«[30] der »internationalen Gesellschaft«[31] zu verstehen. Die Rechtfertigung von Gewalt auf inter- und transnationaler Ebene belegt also empirisch, so mein zentrales Argument, dass Akteure der politischen Autorität internationaler Normen vertrauen.

Um Missverständnisse zu vermeiden: Vertrauen in internationale Normen zu haben, bedeutet nicht, darauf vertrauen zu können, dass Normen Gewalt in inter- oder transnationaler Politik per se verunmöglichen oder dass das Brechen einer Norm immer effektiv sanktioniert würde. Eine vollkommene Durchsetzung von Normen ist auch im nationalstaatlichen Rahmen keineswegs Voraussetzung für die Geltung des Rechts. Sonst würde jeder Verstoß gegen das Recht zugleich die Rechtsordnung als solche infrage stellen. Strafrecht aber gilt auch (und gerade), wenn eine Straftat begangen wird – und Völkerrecht gilt ebenso auch (und gerade), wenn das allgemeine Gewaltverbot der UN-Charta gebrochen wird. Entscheidend ist, dass die Normativität der Norm nicht prinzipiell infrage gestellt wird. So fasst auch Reemtsma Vertrauen in die Moderne mit Blick auf die »Gewaltexzesse des 20. Jahrhunderts«[32] – und nicht unter Absehung von diesen. In Reemtsmas wie auch in meinem Verständnis des Vertrauens in Normen kommt es darauf an, dass prinzipiell die Unterscheidung zwischen angemessenem und nicht angemessenem sozialem und politischem Handeln anerkannt wird. Mit Luhmann ermöglicht das Vertrauen in Normen dann »das Festhalten und Weiterverfolgen von Erwartungen im Enttäuschungsfall. Man braucht

29 Anuschka Tischer, *Offizielle Kriegsbegründungen in der Frühen Neuzeit.* Herrscherkommunikation in Europa zwischen Souveränität und korporativem Selbstverständnis, Münster 2012, S. 22; siehe auch Karl-Otto Apel, *Transformation der Philosophie*, Bd. II: *Das Apriori der Kommunikationsgemeinschaft*, Frankfurt am Main 1999.

30 Reemtsma, *Vertrauen und Gewalt*, S. 96.

31 Hedley Bull, *The Anarchical Society.* A Study of Order in World Politics, London 1977.

32 Reemtsma, *Vertrauen und Gewalt*, S. 9.

jedenfalls nicht hinzunehmen, nicht nachzugeben, wenn man im Recht ist. Ob es faktisch gelingt, den Zustand herzustellen, der dem Recht entspricht, ist eine andere Frage.«[33] Es geht nicht so sehr um »Verhaltenssteuerung«, sondern vor allem um »Erwartungssicherung«.[34]

Inter- und transnationale Gewaltrechtfertigungen als Ausweis von Vertrauen in Normen zu begreifen, eröffnet ein neues historisch-rechtssoziologisches Forschungsfeld.[35] Dabei lassen sich Gewaltlegitimationen als empirischer Schlüssel nutzen, um im Rahmen einer historischen Diskursanalyse Muster der Rechtfertigung und Kritik von Gewalt über einen langen historischen Horizont hinweg zu rekonstruieren. Auf diese Weise können auch Kontinuität, Kontingenz und Wandel der diskursiven Autorität bestimmter Normen – und damit des Vertrauens in die Gültigkeit dieser Normen – bestimmt werden.

Es wäre ein Irrtum, diesen Diskurs als einen harmonischen zu begreifen. Im Gegenteil: Die Normativität ist Gegenstand von Konflikten, also ein »Streit um rechtfertigende Gründe«.[36] Vertrauen in die Rechtfertigungsbedürftigkeit von Gewalt entsteht auch und gerade im Konflikt. Fraglich ist, wie sich dieses Vertrauen im Konflikt in der *longue durée* entwickelt hat. Das soll im Folgenden skizziert werden.

## Vertrauen in Kriegsdiskursen: Kurze Skizze einer langen Geschichte

Die Geschichte politischer Gewalt ist, wie bereits gesagt, zugleich eine Geschichte ihrer Rechtfertigung und Kritik. Durch die Geschichte hindurch wurde Gewalt begründet und kritisiert und damit als normatives Problem ausgewiesen. Das gilt auch für inter- und transnationale Politik. Und auch auf inter- und transnationaler Ebene lässt sich gewissermaßen eine »besondere Konstellation der Moderne«[37] identifizieren, auch wenn die (De-)Legitimierung inter- und transnationaler Gewalt keineswegs exklusiv modern ist. Diskurse der Kriegslegitimation lassen sich in so differente Kontexte wie das alte Ägypten, das frühzeitliche Griechenland, das alte China und das

33 Niklas Luhmann, »Die Funktion des Rechts. Erwartungssicherung oder Verhaltenssteuerung?«, in: ders., *Ausdifferenzierung des Rechts.* Beiträge zur Rechtssoziologie und Rechtstheorie, Frankfurt am Main 1981, S. 73–91, hier S. 84.

34 Ebd.

35 Siehe exemplarisch Finnemore/Sikkink, »International Norm Dynamics and Political Change«, S. 891; Nicole Deitelhoff, *Überzeugung in der Politik*. Grundzüge einer Diskurstheorie internationalen Regierens, Frankfurt am Main 2006.

36 Rainer Forst / Klaus Günther, »Die Herausbildung normativer Ordnungen: zur Idee eines interdisziplinären Forschungsprogramms«, in: *Normative Orders Working Paper* 1 (2010), S. 1–22, hier S. 4.

37 Reemtsma, *Vertrauen und Gewalt.*

alte Indien zurückverfolgen.[38] Mit der Herausbildung des staatlichen Kriegs in Abgrenzung von privater Gewalt setzte der Diskurs um seine Legitimität ein. Zudem bietet nicht nur die christliche Theologie komplexe Diskussionen über die Gerechtigkeit des Krieges. Gleiches gilt etwa für das Judentum, den Hinduismus und den Islam.

Eine Urszene, an der sich das Verhältnis von Vertrauen, Gewalt und Recht(fertigung) analysieren lässt, findet sich in Thukydides' *Der Peloponnesische Krieg*. Im viel diskutierten *Melierdialog* beschreibt der attische Historiker, wie die Gesandten der griechischen Hegemonialmacht Athen 416 vor Christus mit den Bewohnern der Südkykladen-Insel Melos in Rede und Gegenrede über die »Rechtmäßigkeit« der attischen Forderung streiten, Melos möge sich unterwerfen: Ganz im Sinne des politischen Realismus verzichten die Athener bei Thukydides auf »schön klingende« und daher »unglaubwürdige« Gewaltrechtfertigungen.[39] Sie beschränken sich zur Begründung ihrer Gewaltandrohung allein auf den »Zwang der Natur«, als Mächtige über andere herrschen zu dürfen.[40] Die Melier entgegnen den Athenern, dass es zwischen griechischen Stadtstaaten (*Poleis*) üblich sei, gerechte Gründe für die Anwendung von Gewalt vorzulegen. Die Athener seien, so die Melier, »ungerechte Angreifer«[41] und selbsterklärte »Richter über alles«.[42] Statt sich einem vermeintlichen »Recht des Stärkeren« zu beugen, vertrauen die Melier auf die normative Kraft eines gewohnheitsrechtlichen Gewaltverbots zwischen den griechischen *Poleis*, das eine Anwendung von Gewalt ohne hinreichende Begründung untersagt.

Der weitere Verlauf des Konflikts scheint auf den ersten Blick die realistische Position zu bestätigen: Das Vertrauen, das die Melier in die Normen der griechischen *Poleis* setzen, zahlt sich für sie zunächst zweifellos nicht aus. Die Athener beugen sich dem Gewaltverbot nicht und unterwerfen Melos. Und doch unterstreicht die weitere historische Entwicklung die Bindekraft des Gewaltverbots zwischen den *Poleis* durchaus. Athens Ignoranz gegenüber den griechischen Konventionen und Normen schadet seinem Ruf nachhaltig, untergrabt seine Legitimität als griechische Hegemonialmacht und trägt zu seinem Untergang bei.[43] Melos behält recht – zumal der attische Verzicht auf Rechtfertigungsgründe rein fiktiver Natur ist, der *Melierdialog*



38 Zum frühzeitlichen Griechenland siehe etwa Ernst Baltrusch, *Symmachie und Spondai*. Untersuchungen zum griechischen Völkerrecht der archaischen und klassischen Zeit (8.–5. Jahrhundert v. Chr.), Berlin 1994.

39 Thukydides, *Der Peloponnesische Krieg* [411 v. Chr.], übers. und hrsg. von Helmuth Vretska / Werner Rinner, Stuttgart 2004, S. 452.

40 Ebd., S. 456.

41 Ebd., S. 455.

42 Ebd., S. 451.

43 Richard Ned Lebow, *The Tragic Vision of Politics*. Ethics, Interests and Orders, Cambridge 2003, S. 126.

so nie stattgefunden hat.[44] Vielmehr galt auch im klassischen Griechenland die Rechtfertigungsbedürftigkeit von Gewalt.

Die Skandalisierung einer ungerechtfertigten Aggression in Thukydides' *Melierdialog* greift gewissermaßen der wichtigsten okzidentalen Rechtfertigungstradition von Gewalt voraus: jener des »gerechten Krieges« (*bellum iustum*).[45] Der Begriff wurde erstmals von Cicero verwendet, Augustinus von Hippo führte die Lehre im 4. Jahrhundert in die christliche Theologie ein. Das Ende des Römischen Reichs bedeutete allerdings nicht das Ende der Rechtfertigungsbedürftigkeit von Gewalt: Zwar verloren formale Kriegserklärungen in Europa zunächst an Bedeutung.[46] Aber auch aus der Karolingerzeit (751–919 n. Chr.) sind durchaus Kriegsrechtfertigungen überliefert.[47] Die Lehre vom »gerechten Krieg« griff im 13. Jahrhundert Thomas von Aquin auf und goss sie in ihre »klassische Form«.[48] Die »Gerechtigkeit« eines Krieges hing dieser Lehre zufolge vor allem von der legitimen Autorität des Fürsten (*auctoritas principis*), einem gerechten Kriegsgrund (*iusta causa*) sowie der rechten Absicht (*intentio recta*) ab.

In der Frühen Neuzeit, so jedenfalls der gegenwärtige Konsens in der Forschung, kam es zunehmend zu einer Krise des Vertrauens in die normative Bindekraft der Lehre des *bellum iustum*: In der Tat krankte Letztere daran, dass der »gerechte Grund« weder in der Theorie noch in der Praxis jemals präzise definiert worden war. Er bedurfte damit stets der Interpretation in der Kommunikationsgemeinschaft der »Zwischen-Mächte-Beziehungen«[49] in der mittelalterlichen *Respublica Christiana*. Infolge der Reformation und der Konfessionsspaltung wurden neue Sprachen der Rechtfertigung und Kritik militärischer Gewalt bedeutsam. In der Forschung wird daher bis heute angenommen, dass von nun an das »Recht, anstelle von Theologie oder Philosophie, die Realität einer fragmentierten Welt erklärte«.[50]

44 Es ist in der Forschung umstritten, warum Thukydides die Athener Kriegsrechtfertigungen nicht wiedergibt. Plausibel scheint mir, dass er die attische Hybris unmissverständlich hervorheben wollte und daher die Motive der Athener, und nicht ihre tatsächlichen Sprechakte, dokumentierte. Siehe für diese Deutung Baltrusch, *Symmachie und Spondai*.

45 Vgl. Michael Walzer, *Just and Unjust Wars*. A Moral Argument with Historical Illustrations [1977], 5. Aufl., New York 2015, Kap. 1.

46 Tischer, *Offizielle Kriegsbegründungen in der Frühen Neuzeit*, S. 31.

47 Heinhard Steiger, »Zwischen-Mächte-Recht im Frühmittelalter«, in: Michael Jucker / Martin Kintzinger / Rainer Christoph Schwinges (Hg.), *Rechtsformen internationaler Politik*. Theorie, Norm und Praxis vom 12. bis 18. Jahrhundert, Berlin 2011, S. 47–74, hier S. 68 f.

48 Randall Lesaffer, »Too Much History. From War as Sanction to the Sanctioning of War«, in: Marc Weller (Hg.), *The Oxford Handbook of the Use of Force in International Law*, Oxford 2015, S. 35–55, hier S. 37.

49 Steiger, »Zwischen-Mächte-Recht im Frühmittelalter«.

50 Martti Koskenniemi, »Georg Friedrich von Martens (1756–1821) and the Origins of Modern International Law«, in: *IILJ Working Paper* (2006), 1, S. 3 (meine Übers., H.S.).

Darüber hinaus wird sogar die These vertreten, dass die Lehre vom »gerechten Krieg« allmählich ganz an Bedeutung verlor und Krieg auf internationaler Ebene fortan keinerlei »internationaler« Rechtfertigung mehr bedurfte (gewissermaßen also die attische These aus dem *Melierdialog* in neuem Gewand). Machiavelli argumentierte entsprechend, ein »politisch notwendiger« Krieg sei immer gerecht.[51] Auf die Autorität von Normen der legitimen Gewaltanwendung durfte entsprechend nicht mehr vertraut werden.

Die These von der Transformation des frühneuzeitlichen Kriegsdiskurses hat besonders prominent Carl Schmitt vertreten: Mit der Herausbildung eines »nicht-diskriminierenden Staatenkrieges« seit der Frühen Neuzeit, so Schmitt, sei nicht mehr zwischen »gerechten« und »ungerechten Kriegen« unterschieden worden.[52] Schmitt bezog sich dabei unter anderem auf die Idee vom vermeintlich »beiderseits gerechten Kriege« (*bellum iustum ex utraque parte*), die klassischerweise mit Alberico Gentili verbunden wird. Dieser Idee zufolge sollte, wenn über die Gerechtigkeit des Krieges nicht entschieden werden konnte, zumindest ein Mindestmaß an Humanität im Krieg gewahrt werden. Die Frage, ob Krieg »gerecht« sei, trat demnach (vermeintlich) zugunsten der Humanisierung des Krieges in den Hintergrund; entscheidend blieb, dass die Gewaltakteure Souveräne waren. Diese Idee führte in der Historiografie zu Krieg und Recht zu einer Fetischisierung des Staates als dem alleinigen Akteur legitimer Gewaltausübung.[53]

Die von Schmitt populär gemachte, aber keineswegs von ihm erfundene These, dass es in der Frühen Neuzeit zu einer Vertrauenskrise der Lehre vom *bellum iustum* gekommen sei, führte zur oben skizzierten Verengung der Forschung. Bis heute hält sich die Annahme, dass der sich herausbildende souveräne Staat mit der vermeintlichen Überwindung der Lehre vom »gerechten Krieg« zugleich ein »freies Recht zum Krieg« (*liberum ius ad bellum*) für sich beanspruchen konnte.[54] Erst die Kriegs- und Gewaltverbote des 20. Jahrhunderts hätten, so die weitverbreitete Forschungsmeinung, dieses »Recht« zum Krieg aufgehoben.[55] Nach Oona A. Hathaway und Scott J. Shapiro kam es dabei zu einer »radikalen« Transformation: von einer »alten Ordnung«, in der Krieg stets legitim war, zur »modernen«, »neuen

51 Ian Brownlie, *International Law and the Use of Force by States*, Oxford 1963, S. 11.

52 Carl Schmitt, *Der Nomos der Erde im Völkerrecht des Jus Publicum Europaeum*, Berlin 1950, Kap. III.2.

53 Clarie Vergerio, *War, States, and International Order.* Alberico Gentili and the Foundational Myth of the Laws of War, Cambridge 2022; dies., »Fetishizing the State. Gentili and the Myth of the Modern Laws of War«, in: *Völkerrechtsblog* 21. 11. 2023; online unter: https://voelkerrechtsblog.org/de/fetishizing-the-state-gentili-and-the-myth-of-the-modern-laws-of-war/ [29. 4. 2024].

54 Schmitt, *Der Nomos der Erde*, Kap. III.2; Grewe, *Epochen der Völkerrechtsgeschichte*, S. 654; für eine detaillierte Besprechung des Forschungsstands siehe die Einleitung in Simon, *A Century of Anarchy?*.

55 Oona A. Hathaway / Scott J. Shapiro, *The Internationalists.* How a Radical Plan to Outlaw War Remade the World, New York 2017.

Ordnung«, in der Krieg verboten wurde. Besonders interessant ist dabei, dass sowohl Realist:innen wie Carl Schmitt als auch Liberale wie Hathaway und Shapiro – oder Jürgen Habermas[56] – sich letztlich derselben These vom »freien Recht zum Krieg« bedienen, um zueinander völlig konträre historiografische Narrative von internationaler Anarchie beziehungsweise radikalem Rechtsfortschritt zu konstruieren.[57]

Diese weitverbreiteten Narrative können empirisch allerdings nicht überzeugen.[58] Ihnen lässt sich einiges entgegenhalten. Erstens werden sie der historischen Rechtfertigungspraxis nicht gerecht. So rechtfertigten auch in der Frühen Neuzeit souveräne Fürst:innen ihre politische Gewalt weiterhin in Rekurs auf geteilte Normen. Dafür entwickelten sie seit 1492 sogar eine eigene Textgattung – Kriegsmanifeste –, die Anuschka Tischer umfassend analysiert hat.[59] Aber nicht nur in Europa wurde Krieg begründet: Wie jüngere Studien belegen, legitimierten und kritisierten lokale Befehlshaber:innen auch an der Peripherie europäischer Imperien ihre Gewalt. Zweifellos diente der Rekurs auf die Lehre vom »gerechten Krieg« dabei auch der Verschleierung europäischer Landnahme. Im kolonialen Kontext schufen diese Rechtsdiskurse also »viel Raum für europäische Gewalt«, aber durchaus auch »etwas Raum für Widerstand« und einen »gewissen, wenn auch begrenzten Raum für Koexistenz«, wie Arnulf Becker Lorca argumentiert.[60]

Zweitens rechtfertigten nicht nur Souveräne, sondern auch nicht staatliche Akteure in der Frühen Neuzeit ihre Gewalt. So rechtfertigten auch Pirat:innen ihre Gewalt unter Rekurs auf differente normative Sphären, um sich als von ihren Souveränen legitimierte Freibeuter:innen zu präsentieren. Selbst in offensichtlichen Raubzügen, so Lauren A. Benton, entwickelten Pirat:innen Rechtfertigungsnarrative ihrer Gewalt.[61] Auch diese transnationalen Gewaltrechtfertigungen sind unter der staatszentrierten Perspektive à la Carl Schmitt bislang zu wenig berücksichtigt worden. Zwar unterstreicht die Referenz der Pirat:innen auf europäische Souveräne die Wichtigkeit der legitimen Autorität im frühneuzeitlichen Kriegsdiskurs. Transnationale Akteure waren aber durchaus Teilnehmer:innen im Diskurs über legitime Gewalt und beteiligten sich aktiv an der Weiterentwicklung dieses Diskurses.

56 Jürgen Habermas, *Kleine politische Schriften*, Bd. 10: *Der gespaltene Westen*. Frankfurt am Main 2004, S. 34 und S. 117.

57 Simon, *A Century of Anarchy?*, Kap. 10.

58 Für eine umfassende Dekonstruktion siehe Simon, *A Century of Anarchy?*; siehe auch Hendrik Simon, »The Myth of Liberum Ius ad Bellum. Justifying War in 19th-Century Legal Theory and Political Practice«, in: *European Journal of International Law* 29 (2018), 1, S. 113–136.

59 Tischer, *Offizielle Kriegsbegründungen in der Frühen Neuzeit*.

60 Arnulf Becker Lorca, »The Legal Mechanics of Spanish Conquest. War and Peace in Early Colonial Peru«, in: Brock/Simon (Hg.), *The Justification of War and International Order*, S. 81–106.

61 Lauren A. Benton, *A Search for Sovereignty*. Law and Geography in European Empires, 1400–1900, Cambridge 2010.

Drittens entwickelte auch die frühneuzeitliche Rechtstheorie von Francisco de Vitoria über Hugo Grotius bis zu Georg Friedrich Martens die Lehre vom »gerechten Krieg« weiter. Anders als realistische Autor:innen behaupten, verlor die Maxime, dass Krieg zur Vergeltung eines erlittenen Unrechts gerecht(fertigt) sei,[62] nichts an ihrer Bedeutung. Das bedeutet zugleich, dass in der (vornehmlich europäisch dominierten) Kommunikationsgemeinschaft der Frühen Neuzeit nach wie vor auf die normative Kraft eines »internationalen« Gewaltverbots vertraut wurde – auch wenn dieses Gewaltverbot nirgends vertragsrechtlich normiert war. Es wurde vielmehr in Diskurspraktiken realisiert.

Das änderte sich auch im 19. Jahrhundert nicht grundlegend; auch im »goldenen Zeitalter des Staates«[63] musste zwischenstaatliche Gewalt stets begründet werden – ein »freies Recht zum Krieg« existierte weiterhin nicht. Das 19. Jahrhundert war kein Jahrhundert der Anarchie in der Anwendung von Gewalt.[64]

Bei aller Kontinuität der Rechtfertigungsbedürftigkeit von Gewalt seit der Antike lassen sich in der *longue durée* allerdings auch Innovationen und Wandlungen identifizieren. Analog zum Untertitel von Reemtsmas Buch *Vertrauen und Gewalt* kann man auch mit Blick auf das Verhältnis von Vertrauen, Recht und inter- sowie transnationaler Gewalt von einer »besonderen Konstellation der Moderne« sprechen. Mit der Französischen Revolution und insbesondere den Revolutionskriegen veränderte sich das Denken über Krieg und Normativität tiefgreifend. Die Rechtfertigungsbedürftigkeit von Gewalt – und damit das Vertrauen in die Skandalisierung illegitimer Gewalt – wuchs auf internationaler Ebene mit der auch normativen Neuordnung Europas auf den Kongressen in Wien (1814/1815) und Aachen (1818) erheblich.[65]

Erstmals wurde die Beurteilung von Krieg nun an eine internationale Institution, das Europäische Konzert, gebunden. Die europäischen Großmächte Großbritannien, Russland, Frankreich, Österreich und Preußen beschlossen 1814/1815 nach den napoleonischen Kriegen, sich gemeinsam – im »Konzert« – und vertraulich über Fragen des Friedens und der internationalen Sicherheit abzustimmen. Dieser »Sicherheitsrat des 19. Jahrhunderts«[66] beurteilte von nun an zudem, ob Gewaltbegründungen legitim waren oder nicht. Damit ging zugleich eine drastische Einengung der in der

62 Francisco de Vitoria, *De Indis recenter inventis et de jure belli Hispanorum in Barbaros relectiones.* Vorlesungen über die kürzlich entdeckten Inder und das Recht der Spanier zum Kriege gegen die Barbaren [1539], hrsg. von Walter Schätzel, Tübingen 1952, § 417.

63 Jürgen Osterhammel, *Die Verwandlung der Welt.* Eine Geschichte des 19. Jahrhunderts, München 2011, S. 820.

64 Simon, *A Century of Anarchy?*.

65 Ebd., Kap. 3.

66 Matthias Schulz, *Normen und Praxis.* Das europäische Konzert der Großmächte als Sicherheitsrat, 1815–1860, München 2009, S. 527.

Frühen Neuzeit relativ vage definierten Gründe für »gerechte« Gewalt einher: Krieg war nur noch zur Wiederherstellung des europäischen Friedens sowie zur Selbstverteidigung legitim. Das moderne Kriegsverbot nahm damit auf dem Wiener Kongress und nicht erst mit dem Briand-Kellogg-Pakt seinen Anfang, wenn auch in noch nicht kodifizierter Form, sondern als *emerging norm.*[67] Die radikale Neuordnung der Gewalt fand nicht 1928 statt, wie Hathaway und Shapiro jüngst besonders prominent behauptet haben,[68] sondern 1814/1815.

Wie ich andernorts detailliert nachgezeichnet habe,[69] stand politischen Gewaltakteuren im 19. Jahrhundert diese Neuordnung der Gewalt klar vor Augen: So versuchten etwa Napoleon III. und Bismarck zu Beginn des Deutsch-Französischen Krieges 1870/1871, die französische beziehungsweise die preußische Gewalt als Selbstverteidigung sowie als Rechtsmittel der Wiederherstellung des gesamteuropäischen Friedens zu begründen. Auch der Erste Weltkrieg war ein »Kampf um das Recht«, weil die europäischen Großmächte um die Rechtmäßigkeit der jeweils eigenen Gewalt stritten.[70] So galt Krieg der völkerrechtlichen Forschung des 19. Jahrhunderts überwiegend – ganz anders als heute – »als ein Rechtsstreit zwischen Staaten als Kriegsparteien über öffentliches Recht«, wie es der Jurist Johann Caspar Bluntschli 1868 formulierte.[71] Als Mittel der Politik sei der Krieg verwerflich. Anders sah das nur eine Minderheit von realistischen Juristen im Deutschen Kaiserreich, die ich Clausewitzianer nenne: Sie erfanden den Mythos vom »freien Recht zum Krieg«. In einer radikalen Umdeutung der Entwicklungen im 19. Jahrhundert wurde dieser Mythos nach dem Ersten Weltkrieg zur dominanten – aber grundlegend falschen – Erzählung von Krieg, Recht und Vertrauen in der Moderne.[72] Das lag, wie oben bereits skizziert, auch daran, dass der Mythos vom »freien Recht zum Krieg« aus konträren historiografischen Narrativen des Legalismus oder des Antilegalismus sowohl von Realist:innen wie Carl Schmitt als auch von Liberalen wie Hans Wehberg gestützt wurde.[73]

67 Simon, *A Century of Anarchy?*, Kap. 4.

68 Hathaway/Shapiro, *The Internationalists.*

69 Simon, *A Century of Anarchy?*, Kap. 5.

70 Marcus M. Payk, *Frieden durch Recht?* Der Aufstieg des modernen Völkerrechts und der Friedensschluss nach dem Ersten Weltkrieg, Berlin 2018, Kap. 2; Isabel V. Hull, »The Great War and International Law. German Justifications of Prevention and Pre-emptive Self-Defense«, in: Brock/Simon (Hg.), *The Justification of War and International Order*, S. 183–206; Miloš Vec, »Juridification, Politicization, and Circumvention of Law. (De-)Legitimizing Chemical Warfare before and after Ypres, 1899–1925«, in: ebd., S. 221–237; Simon, *A Century of Anarchy?*, Kap. 9.

71 Johann Caspar Bluntschli, *Das moderne Völkerrecht der civilisierten Staaten als Rechtsbuch dargestellt*, Tübingen 1868, S. 287.

72 Simon, *A Century of Anarchy?*, Kap. 10.

73 Ebd.

Tatsächlich aber kam es im 19. Jahrhundert zu einer Ausdifferenzierung der internationalen Normen und Institutionen gegen den Krieg, die angesichts der Dominanz des Narrativs vom »freien Recht zum Krieg« bis heute weitgehend vergessen worden sind. Die oben skizzierte »Transformation des sozialen Bindemittels Vertrauen«,[74] die ich zwischen den Großmächten Europas im 19. Jahrhundert ausmache, hatte aber zweifellos auch ihre Schattenseiten: So basierte der institutionalisierte »100-jährige Frieden«[75] auf einer »legalisierten Hegemonie«[76] der europäischen Großmächte, die von Zwang und Gewalt in Europa und im Kontext von Imperialismus und Kolonialismus von Interventionen, Repression, Imperialkriegen bis hin zu genozidaler Gewalt geprägt war.[77]

Außereuropäische Mächte wurden häufig, mit den Worten Reemtsmas, »einer Zone [zugeordnet], in der Gewalt [noch eher] erlaubt« oder jedenfalls weniger rechtfertigungsbedürftig war. Diskursive Zonen aber, in denen es keiner Rechtfertigung politischer Gewalt bedurfte, gab (und gibt) es nicht. Auch im kolonialen Kontext wurde Gewalt legitimiert, selbst genozidale Gewalt – wie der deutsche Vernichtungskrieg gegen die Herero und Nama (1904–1908) – war von Rechtfertigungsversuchen begleitet.[78] Die Differenzierung von »zivilisierten«, »semi-zivilisierten« und »unzivilisierten Nationen« wurde im 19. Jahrhundert zu einer wirkmächtigen Kriegslegitimation. Um das Vertrauen Europas zu ›verdienen‹, versuchten außereuropäische Akteure daher auch, als Subjekte im Sinne des europäischen Völkerrechts anerkannt zu werden[79] und so die Durchsetzung ihres eigenen Herrschaftsanspruchs zu legitimieren.[80] Das Vertrauen zwischen den europäischen Großmächten begünstigte also auch Zwang und Gewalt gegenüber anderen Mächten.

74 Reemtsma, *Vertrauen und Gewalt*, S. 33.

75 Karl Polanyi, *The Great Transformation.* The Political and Economic Origins of Our Times, New York / Toronto 1944, S. 16; Johannes Paulmann, *Globale Vorherrschaft und Fortschrittsglaube.* Europa 1850–1914, München 2019, S. 356.

76 Gerry J. Simpson, *Great Powers and Outlaw States.* Unequal Sovereigns in the International Legal Order, Cambridge 2004.

77 Isabel V. Hull, *Absolute Destruction.* Military Culture and the Practices of War in Imperial Germany, Ithaca, NY 2005; Lauren Benton, »Protection Emergencies. Justifying Measures Short of War in the British Empire«, in: Brock/Simon (Hg.), *The Justification of War and International Order*, S. 167–182; Hubert Zimmermann, *Militärische Missionen.* Rechtfertigungen bewaffneter Auslandseinsätze in Geschichte und Gegenwart, Hamburg 2023; Simon, *A Century of Anarchy?*, Kap. 4.2.

78 Jürgen Zimmerer, »Der erste Genozid des 20. Jahrhunderts. Der deutsche Vernichtungskrieg in Südwestafrika (1904–1908) und die Globalgeschichte des Genozids«, in: ders. (Hg.), *Von Windhuk nach Auschwitz?* Beiträge zum Verhältnis von Kolonialismus und Holocaust, Münster 2011, S. 40–70, hier S. 52.

79 Arnulf Becker Lorca, *Mestizo International Law.* A Global Intellectual History 1842–1933, Cambridge 2014; Payk, *Frieden durch Recht?*, S. 41 f.

80 Kritisch differenzierend Aimee M. Genell / Mustafa Aksakal, »Salvation through War? The Ottoman Search for Sovereignty in 1914«, in: Brock/Simon (Hg.), *The Justification of War and International Order*, S. 207–220.

Neben der Ausschlusslogik all dessen, was den europäischen Großmächten als »unzivilisiert« oder »semi-zivilisiert« galt, war dem gestiegenen Vertrauen in die Legitimationsbedürftigkeit von Gewalt auf internationaler Ebene eine Paradoxie inhärent: Nach dem Ersten Weltkrieg war die Skandalisierung der deutschen Gewalt zu Recht stark ausgeprägt – Deutschland hatte sowohl gegen Normen des *ius ad bellum* als auch des *ius in bello* in eklatanter Weise verstoßen und Rechtfertigungen für die eigene Gewalt schlicht erfunden.[81] Die alliierten Großmächte reagierten auf diesen Verstoß gegen die gemeinsamen Konventionen legitimer Gewaltanwendung mit einer besonders strikten rechtlichen Bestrafung Deutschlands im Vertrag von Versailles. Sie folgten damit den hohen Erwartungen, die mit dem gestiegenen Vertrauen Europas in das Völkerrecht einhergingen. Im Falle einer Enttäuschung der gemeinsamen Erwartungen bedurfte es besonderer Sanktionen, um das Recht wiederherzustellen.[82]

Hier bestätigte sich die Lehre des *Melierdialogs*: Wie einst die Athener mussten nun die Deutschen lernen, dass eine gravierende Missachtung der internationalen Normen von der Kommunikationsgemeinschaft nicht nur missbilligt wurde, sondern auch langfristig zu einem Verlust der eigenen Legitimität als Mitglied der Gemeinschaft führte. Der Erste Weltkrieg wurde damit auch zur Vertrauensprobe für die moderne normative Ordnung legitimer Gewaltanwendung.

## Vertrauenskrise und Vertrauensaufbau: Ein dialektisches Verhältnis

Diese Vertrauensprobe bestand die internationale Norm des Kriegsverbots, obwohl die Pariser Ordnung keinen dauerhaften Frieden garantieren konnte. So führten die beiden Weltkriege letztlich zu einem neuen Verrechtlichungsschub auf internationaler Ebene: Das Kriegsverbot, dessen Herausbildung 1814/1815 begonnen hatte, wurde nun zunächst im Briand-Kellogg-Pakt und schließlich im Allgemeinen Gewaltverbot nach Art. 2 (4) der UN-Charta (1945) kodifiziert.

Diese Entwicklung hat Fortschrittserzählungen begünstigt, nach denen die UN-Charta den bisherigen Höhepunkt der rechtlichen Limitation von Gewalt auf zwischenstaatlicher Ebene darstellt. Die UN-Charta stehe, so der Rechtshistoriker Randall Lesaffer, »am Ende einer Entwicklung, in deren Verlauf das Recht der Staaten zur Anwendung von Gewalt fortlaufend eingeschränkt worden ist«.[83] Oona A. Hathaway und Scott J. Shapiro haben entsprechend sogar argumentiert, dass die Welt nach den Kriegsverboten

81 Hull, »The Great War and International Law«; Simon, *A Century of Anarchy?*, Kap. 9.
82 Payk, *Frieden durch Recht?*.
83 Lesaffer, »From War as Sanction to the Sanctioning of War«, S. 35.

von 1928 und 1945 tatsächlich friedlicher geworden sei.[84] Ob dem wirklich so ist, ob die Gewalt also tatsächlich abnimmt, wird von zahlreichen Forscher:innen allerdings kritisch gesehen und bleibt daher weiter Gegenstand der Gewaltforschung.[85]

Festzustehen scheint mir aber, dass die UN-Charta das internationale Vertrauen in die Rechtfertigungsbedürftigkeit von Gewalt weiter gestärkt hat. Aufgrund des vertragsrechtlichen Gewaltverbots ist es heute kaum möglich, internationale Gewalt auszuüben, ohne sich früher oder später in irgendeiner Weise zur UN-Charta zu verhalten. Das bedeutet allerdings nicht, dass wir seit 1945 keine paradoxen Entwicklungen mehr beobachten können. Im Gegenteil: Wie Tanisha Fazal gezeigt hat, erklären Staaten einander den Ausbruch gewaltsamer Auseinandersetzungen seit 1945 faktisch nicht mehr in formalen Kriegserklärungen.[86] Die lange Geschichte der Kriegsmanifeste, die 1492 begann,[87] endete spätestens 1945. Das heißt aber wiederum keineswegs, dass Staaten ihre Gewalt nach 1945 nicht mehr rechtfertigen würden. Sie tun das aber, indem sie ihre Gewalt nicht mehr formal als Krieg, sondern als Intervention, Polizeiaktion, Anti-Terroreinsatz, Spezialoperation oder Selbstverteidigung nach Art. 51 der UN-Charta bezeichnen.[88]

Man könnte mit Blick auf die oben gemachten Beobachtungen kritisch einwenden, dass Gewalt auch in der Frühen Neuzeit und im 19. Jahrhundert häufig als Intervention gerechtfertigt wurde,[89] um Machtinteressen hinter dem Rekurs auf international geteilte Normen zu verbergen. In jedem Fall lässt sich durch die Geschichte hindurch Selbstverteidigung als eines der wichtigsten Narrative, wenn nicht gar als das wichtigste Narrativ der Rechtfertigung rekonstruieren.[90] Die Rechtfertigungsbedürftigkeit von Gewalt ist bis heute auch auf inter- und transnationaler Ebene unbestreitbar.

Daran ändert, so mein hier abschließend zu entfaltendes Argument, auch die derzeitige Gewalt in der Ukraine, in Bergkarabach oder im Nahen Osten nichts. Wie eingangs bereits skizziert, hat der russische Angriffskrieg gegen die Ukraine seit 2014 und insbesondere die umfassende russische Invasion

84 Hathaway/Shapiro, *The Internationalists.*

85 Siehe auch Christopher Daase et al., »Transformations of Political Violence? A Research Program«, in: *TraCe Working Paper* (2022), 1, S. 1–14.

86 Tanisha M. Fazal, *(Kein) Recht im Krieg?* Nicht intendierte Folgen der völkerrechtlichen Regelung bewaffneter Konflikte, übers. von Enrico Heinemann und Ursel Schäfer, Hamburg 2019.

87 Tischer, *Offizielle Kriegsbegründungen in der Frühen Neuzeit.*

88 Siehe zu den Rechtfertigungsfiguren internationaler Gewalt nach 1945 die Beiträge in Brock/Simon (Hg.), *The Justification of War and International Order*; Katherine Irajpanah / Kenneth A. Schultz, »Off the Menu. Post-1945 Norms and the End of War Declarations«, in: *Security Studies* 30 (2021), 4, S. 485–516; James A. Green, »The Article 51 Reporting Requirement for Self-Defense Actions«, in: *Virginia Journal of International Law* 55 (2015), 3, S. 563–624.

89 Zimmermann, *Militärische Missionen*; Simon, *A Century of Anarchy?*, Kap. 4.2.

90 Brock/Simon (Hg.), *The Justification of War and International Order*; Simon, *A Century of Anarchy?*.

der Ukraine seit dem 24. Februar 2022 mit Blick auf das internationale Gewaltverbot erneut die Vertrauensfrage gestellt. So hat etwa auch Francis Fukuyama, der 1992 noch über das »Ende der Geschichte« nachdachte,[91] eingeräumt, dass »wir nun in einer anderen Welt leben«.[92] Es ist wenig überraschend, dass das Völkerrecht als Kernelement der liberalen Konzeption internationaler Beziehungen in diesem Zusammenhang erneut von Realist:innen diskreditiert wird. Letzteren zufolge offenbart die russische Aggression gegen die Ukraine die Machtlosigkeit des Völkerrechts und seiner Normen. Dem Recht auf internationaler Ebene zu vertrauen, erscheint daher illusionär.

Richtig ist, dass das Völkerrecht unter Druck steht – und zwar gerade mit Blick auf seine zentrale Aufgabe, zwischen legitimer und illegitimer Gewalt jenseits eines staatlichen Gewaltmonopols unterscheiden zu können. Können wir angesichts des russischen Angriffskriegs gegen die Ukraine, aber auch angesichts anderer Angriffskriege wie dem Irakkrieg 2003, Aserbaidschans Offensive in Bergkarabach im September 2023 oder aber dem jüngsten Krieg im Nahen Osten noch darauf vertrauen, dass das Völkerrecht diese Rolle erfüllt?

Meine Antwort ist: grundsätzlich ja. Gegen sogenannte Realist:innen behaupte ich, dass es ein voreiliger Fehlschluss wäre, vom Ende des Gewaltverbots zu sprechen. Vielmehr leiden viele derzeitige realistische Perspektiven auf das Völkerrecht unter einem fundamentalen Missverständnis der Funktionsweise des Rechts in der internationalen Politik. Wie die konstruktivistische Normenforschung gezeigt hat,[93] hängt das Recht nicht nur von seiner Durchsetzung und Faktizität ab, sondern insbesondere von seiner Legitimität, das heißt seiner Geltung als Norm. Wie ich bereits ausgeführt habe, bedeutet Rechts- beziehungsweise Normenvertrauen nicht, sich darauf zu verlassen, dass das Recht immer durchgesetzt werden kann. Es bedeutet vielmehr, darauf zu vertrauen, dass das Recht zwischen angemessenem und nicht angemessenem Handeln unterscheidet – auch und gerade »im Enttäuschungsfall«,[94] dass eine Norm wie das Gewaltverbot gebrochen wird.

Zweifellos stellt der neoimperiale Krieg Russlands gegen die Ukraine einen solchen massiven Verstoß gegen das Gewaltverbot und darüber hinaus

91 Francis Fukuyama, *Das Ende der Geschichte.* Wo stehen wir?, übers. von Helmut Dierlamm, Ute Mihr und Karlheinz Dürr, München 1992.

92 Dan Drollette Jr, »›It's a Different Kind of World We're Living in now‹ – Interview with Political Scientist Francis Fukuyama«, in: *Bulletin of the Atomic Scientists,* 9. 1. 2022; online unter: https://thebulletin.org/premium/2022-11/its-a-different-kind-of-world-were-living-in-now-interview-with-political-scientist-francis-fukuyama/ [29. 4. 2024].

93 Elvira Rosert, »Fest etabliert und weiterhin lebendig. Normenforschung in den Internationalen Beziehungen«, in: *Zeitschrift für Politikwissenschaft* 22 (2012), 4, S. 599–623; Deitelhoff, *Überzeugung in der Politik.*

94 Luhmann, »Die Funktion des Rechts«, S. 84.

gegen grundlegende Normen des humanitären Völkerrechts dar.[95] Die ordnende Funktion, zwischen legitimer und illegitimer Gewalt zu unterscheiden, hat das Völkerrecht in diesem Konflikt allerdings mitnichten verloren. Das wird einerseits deutlich in den Versuchen Russlands, seinen offensichtlich völkerrechtswidrigen Angriffskrieg zu rechtfertigen und sich damit der normativen Autorität des Völkerrechts zu unterwerfen; wenn auch nur, um andere damit zu manipulieren. So versuchte Putin nicht nur, die Invasion der Ukraine als »Denazifizierung der Ukraine«, sondern auch als individuelle oder kollektive Selbstverteidigung Russlands nach Art. 51 der UN-Charta zu begründen.[96] Zudem wurde von Russland behauptet, die Ukraine begehe einen Völkermord in Luhans'k und Donec'k. Auch wenn es sich um faktenwidrige Kriegsbegründungen handelt, unterstreichen sie dennoch, dass Russland die Notwendigkeit sieht, seine Gewalt gegenüber der eigenen Bevölkerung und international zu begründen.

Andererseits wird die diskursive Autorität des Völkerrechts besonders in den Reaktionen der internationalen Gemeinschaft auf die russischen Rechtfertigungsversuche deutlich: 141 Staaten verurteilten im März 2022 den russischen Angriffskrieg im Rahmen einer Uniting-For-Peace-Resolution in der UN-Generalversammlung als einen Verstoß gegen Art. 2 (4) der UN-Charta. Die Resolution forderte Russland zum sofortigen Rückzug aus ukrainischem Territorium auf. Zudem erklärte im Oktober 2022 eine klare Mehrheit von 143 Staaten die russischen Annexionen in den ukrainischen Regionen Luhans'k, Donec'k, Zaporižžja und Cherson für ungültig. Der Internationale Gerichtshof (ICJ) hat im März 2022 eine sofortige Beendigung der russischen Gewalt in der Ukraine angeordnet. Dabei ging es auch um die russische Behauptung, die Ukraine begehe einen Völkermord in Luhans'k und Donec'k. Die Ukraine argumentiert vor dem ICJ, Russland habe mit dieser Falschbehauptung die Völkermordkonvention von 1948 missbraucht. All das belegt, dass auf die diskursive Kraft des Rechts auch in der jüngeren Gegenwart prinzipiell vertraut werden kann.

Allerdings gilt dies nicht bedingungslos. So unterscheidet sich die Aufmerksamkeit, die weltweit bestimmten Konflikten zuteilwird: Die Kriege in

95 Ingrid (Wuerth) Brunk / Monica Hakimi, »Russia, Ukraine, and the Future World Order«, in: *American Journal of International Law* 116 (2022), 4, S. 687–697; Lauri Mälksoo / Hendrik Simon, »Aggression and the ›Civilizational Turn‹ in Russian Politics of International Law. An Interview with Lauri Mälksoo«, in: *Völkerrechtsblog*, 25. 2. 2022; online unter: https://voelkerrechtsblog.org/de/aggression-and-the-civilizational-turn-in-russian-politics-of-international-law/ [29. 4. 2024]; Elvira Rosert / Frank Sauer / Hendrik Simon, »Beyond Black and White. Normative Ambiguities and the Delivery of Cluster Bombs. An Interview with Elvira Rosert and Frank Sauer«, in: *Völkerrechtsblog*, 12. 7. 2023; online unter: https://voelkerrechtsblog.org/beyond-black-and-white-normative-ambiguities-and-the-delivery-of-cluster-bombs/ [29. 4. 2024].

96 Wladimir Putin, *Address by the President of the Russian Federation*, 21. 2. 2022; online unter: http://en.kremlin.ru/events/president/transcripts/67828 [29. 4. 2024].

der Ukraine und im Nahen Osten erfahren viel Aufmerksamkeit, die Gewalt in Bergkarabach vergleichsweise wenig. Selbst die jüngeren Gewaltexzesse im Nahen Osten – vom brutalen Massaker der Hamas an israelischen Zivilist:innen am 7. Oktober 2023 bis zu den darauf folgenden massiven Militärschlägen Israels im Gazastreifen – werden von einem Diskurs begleitet, der die Rechtfertigungsbedürftigkeit von Gewalt prinzipiell unterstreicht. Alle Konfliktparteien versuchen, ihre Gewalt auch auf internationaler Bühne zu rechtfertigen und die Gewalt der anderen Seite als illegitim zu diskreditieren. Der Konflikt unterstreicht aber auch den hochpolitischen Charakter des Völkerrechts, um das jenseits eines staatlichen Gewaltmonopols diskursiv gestritten werden muss. Nicht nur die deutsche Öffentlichkeit,[97] sondern auch die internationale Gemeinschaft ist dabei stark polarisiert, wie sich besonders im Streit um eine humanitäre Waffenruhe in Gaza, aber auch im Streit um die klare Verurteilung der Hamas-Angriffe vom Oktober 2023 oder die Verhältnismäßigkeit der israelischen Luftschläge zeigt.

Die jüngeren Diskurse um die Rechtmäßigkeit von Gewalt stellen damit auch die Vertrauensfrage mit Blick auf die Zukunft dieser institutionellen Ordnung internationaler Gewalt. Ob sich im Rahmen dieser Konflikte, gewissermaßen in dialektischer Weise, neues Normenvertrauen herausbildet, wird auch davon abhängen, ob es gelingt, einer multipolaren Welt mit einer stringenten und konsequenten Völkerrechtspolitik zu begegnen.

## Fazit: Vertrauen und entgrenzte Gewalt

Vertrauen in die Moderne sei ohne ein staatliches Gewaltmonopol nicht denkbar, so die zentrale These in Jan Philipp Reemtsmas *Vertrauen und Gewalt*. Im vorliegenden Artikel habe ich diese Annahme einer kritischen Prüfung unterzogen. In meiner Skizze einer Genealogie der Kriegsrechtfertigung habe ich gezeigt, dass das Fehlen eines staatlichen Gewaltmonopols auf internationaler Ebene keineswegs Vertrauen in internationale Normen ausschließt. Vielmehr lässt sich das Vertrauen in die Norm, dass Gewalt auch auf inter- und transnationaler Ebene einer legitimen Rechtfertigung bedarf, als grundlegendes Muster der menschlichen Geschichte nachvollziehen.

97 Annabelle Houdret, »Grauzonen statt Polarisierung zum Nahost-Krieg«, in: *Die aktuelle Kolumne/IDOS*, 8. 11. 2023; online unter: https://www.idos-research.de/uploads/media/German_Institute_of_Development_and_Sustainability_DE_Houdret_08.11.2023.pdf [29. 4. 2024]; Hanna Pfeifer / Irene Weipert-Fenner, »Israel – Gaza. Ein deutscher Kriegsdiskurs«, in: *PRIF Blog*, 21. 11. 2023; online unter: https://blog.prif.org/2023/11/21/israel-gaza-ein-deutscher-kriegsdiskurs/ [29. 4. 2024]; Gert Krell, »Israels Sicherheit und die deutsche Staatsräson«, in: *PRIF Blog*, 21. 12. 2023; online unter: https://blog.prif.org/2023/12/21/israels-sicherheit-und-die-deutsche-staatsraeson/ [29. 4. 2024].

In dieser Genealogie lassen sich Kontinuitäten identifizieren: Quer durch die Geschichte existieren Kriegsrechtfertigungen, wird Gewalt also skandalisiert und problematisiert. Aber es lassen sich auch Diskontinuitäten und Brüche finden. So kommt es erst an der Schwelle zur Moderne zur eigentlichen »Transformation des sozialen Bindemittels Vertrauen«[98] in der internationalen Politik. Nach der Französischen Revolution wurde auf dem Wiener Kongress von 1814/1815 der Beginn der modernen internationalen Gewaltordnung eingeläutet. Das 19. Jahrhundert war keineswegs, wie bis heute angenommen wird, ein anarchisches Fotonegativ der modernen internationalen Ordnung – sondern ihre Geburtsära.[99]

Die Entstehung der modernen internationalen Ordnung ging mit einer zunehmenden Institutionalisierung und Verrechtlichung der Gewaltanwendung einher. Diese Ordnung führte zugleich, durchaus in gewisser Analogie zur Herausbildung des Gewaltmonopols auf innerstaatlicher Ebene, zu einer verstärkten Abhängigkeit politischer Akteure von Rechtsvertrauen. Auch wenn das Vertrauen in das moderne Völkerrecht an manchen Stellen – aus guten Gründen – brüchig sein mag, kann ein Grundvertrauen in die Norm des Gewaltverbots nicht geleugnet werden, wie sich in den Skandalisierungen insbesondere der russischen Aggression gegen die Ukraine deutlich zeigt. Die Reaktionen auf den Krieg im Nahen Osten unterstreichen zwar ebenfalls diese Normen (Recht auf Selbstverteidigung, zugleich Einhaltung von humanitärem Völkerrecht), machen aber auch deutlich, wie stark der Streit um die Legitimation von Gewalt polarisieren kann. Wo die Polarisierung im Diskurs besonders hoch ausfällt, droht auch Vertrauen verloren zu gehen: weniger in die Norm der Rechtfertigungsbedürftigkeit von Gewalt, deren Ausdruck diese Streitigkeiten sind, aber durchaus in die internationalen Institutionen, die diese Norm letztlich tragen. Um verloren gegangenes Vertrauen wiederzugewinnen, bedarf es daher einer grundlegenden Reform internationaler Institutionen und Entscheidungsmechanismen.[100] Dafür aber muss die Vertrauensfrage auf internationaler Ebene immer wieder neu gestellt werden. Konflikte sollten dabei kein Hinderungsgrund sein. Denn Vertrauen entsteht nicht außerhalb von, sondern gerade *im* Konflikt.

*Hendrik Simon ist wissenschaftlicher Mitarbeiter am Leibniz-Institut für Friedens- und Konfliktforschung.*
*simon@prif.org*

98 Reemtsma, *Vertrauen und Gewalt*, S. 33.

99 Simon, *A Century of Anarchy?*.

100 Hendrik Simon / Siddharth Mallavarapu, »The Ambiguity of Peace. Global Governance as an Unequal Ordering of War«, in: Aoife O'Donoghue / Ruth Houghton / Se-shauna Wheatle (Hg.), *Edward Elgar Research Handbook on Global Governance*, Cheltenham 2024 (im Erscheinen).

*Regine Schwab*

# Die Transformation des Krieges und Angriffe auf zivile Infrastruktur

In den letzten Jahrzehnten haben staatliche und nicht staatliche Akteure in bewaffneten Konflikten auf der ganzen Welt vermehrt Zivilist:innen ins Visier genommen, um ihre Gegner:innen zu bekämpfen. Obwohl dieser Trend inzwischen anerkannt wird, konzentriert sich die bestehende Literatur nach wie vor in erster Linie auf die Zahl der in bewaffneten Konflikten oder *one-sided violence* durch direkte militärische Gewalteinwirkung getöteten Zivilist:innen.[1] Dieser enge Fokus auf Kampfhandlungen und Todeszahlen lässt jedoch wichtige Formen der indirekten Gewalt gegen Zivilist:innen außer Acht. Dazu gehören etwa Vertreibungen, die enormes Leid verursachen, ohne eine große Anzahl von Menschen zu töten.[2] Ebenfalls unberücksichtigt bleiben die oftmals dramatischen Folgen von Angriffen auf zivile Infrastruktur in bewaffneten Konflikten. Dabei hat gerade diese Art von Gewalt ebenso weitreichende wie langfristige Auswirkungen auf die Lebensbedingungen der Zivilbevölkerung. Wie aktuell im Gazastreifen zu beobachten ist, führt sie bereits zum Zeitpunkt der militärischen Maßnahmen zu gesundheitlichen und humanitären Krisen, in noch größerem Ausmaß jedoch in der Folgezeit.[3] Die schwerwiegendsten Auswirkungen des Ersten Irakkrieges von 1991 auf die Zivilbevölkerung waren nicht den Kampfhand-

1 Laia Balcells / Jessica A. Stanton, »Violence against Civilians during Armed Conflict. Moving beyond the Macro- and Micro-Level Divide«, in: *Annual Review of Political Science* 24 (2021), S. 45–69; Kristine Eck / Lisa Hultman, »One-Sided Violence against Civilians in War. Insights from New Fatality Data«, in: *Journal of Peace Research* 44 (2007), 2, S. 233–246; Bethany Lacina / Nils Petter Gleditsch, »Monitoring Trends in Global Combat. A New Dataset of Battle Deaths«, in: *European Journal of Population / Revue européenne de Démographie* 21 (2005), 2, S. 145–166. Das Uppsala Conflict Data Program (UCDP) definiert einseitige Gewalt (*one-sided violence*) als vorsätzliche bewaffnete Gewalt, die durch die Regierung eines Staates oder durch eine nicht staatliche bewaffnete Gruppe gegen Zivilist:innen ausgeübt wird und mindestens 25 Todesfälle pro Jahr zur Folge hat.

2 Abbey Steele, »Seeking Safety. Avoiding Displacement and Choosing Destinations in Civil Wars«, in: *Journal of Peace Research* 46 (2009), 3, S. 419–429.

3 Stephanie Savell, »How Death Outlives War. The Reverberating Impact of the Post-9/11 Wars on Human Health«, in: *Costs of War*, 15. 5. 2023; online unter: https://watson.brown.edu/costsofwar/files/cow/imce/papers/2023/Indirect%20Deaths.pdf [22. 4. 2024]; Jeannie Sowers / Erika Weinthal, »Health and Environmental Tolls of Protracted Conflicts in the Middle East and North Africa«, in: *Current History* 120 (2021), 830, S. 339–345; Barry S. Levy / Victor W. Sidel (Hg.), *War and Public Health*, 2. Aufl., Oxford 2008; Kali Rubaii, »Birth Defects and the Toxic Legacy of War in Iraq«, in: *Middle East Report Online*, 22. 9. 2020; online unter: https://merip.

lungen geschuldet. Weitaus größer als die Zahl der direkten, durch Waffengewalt getöteten Opfer war die Zahl der indirekten Opfer, die infolge der Zerstörung des irakischen Stromnetzes starben. Wie die *Washington Post* damals berichtete, achteten die US-amerikanischen Militärplaner »sehr darauf, den direkten Abwurf von Sprengstoff auf Zivilist:innen zu vermeiden [...], aber sie fügten der Fähigkeit des Irak, sich selbst als Industriegesellschaft zu erhalten, absichtlich großen Schaden zu«.[4] Die Anzahl der zivilen Todesopfer durch die Luftangriffe der US-geführten Koalition war relativ gering; die meisten Schätzungen gehen von etwa 3000 Toten aus,[5] angeblich »die niedrigste Zahl von Todesopfern bei einem großen Bombenangriff in der Geschichte der Kriegsführung«.[6] Nach anderen Schätzungen kamen jedoch mehr als 100.000 Menschen infolge der Zerstörung des Stromnetzes ums Leben, die zum Verlust der Wasser- und Stromversorgung sowie zum Ausfall der Kanalisation führte.[7] Obwohl die Bombenangriffe selbst verhältnismäßig begrenzt und präzise waren, verursachten sie also dennoch eine humanitäre Katastrophe. Dem US-amerikanischen Friedens- und Konfliktforscher George Lopez zufolge ist »bei dieser Art von Strategie die traditionelle Definition von Kollateralschäden unzureichend, um das Leid zu erfassen, das der Krieg der Zivilbevölkerung zufügt«.[8]

In meinem Artikel befasse ich mich mit Angriffen auf zivile Infrastruktur als einem der auffälligsten und verheerendsten Phänomene indirekter Gewalt gegen die Zivilbevölkerung. Definiert als komplexe Systeme miteinander verbundener materieller und technologischer Elemente und ihrer sozio-



org/2020/09/birth-defects-and-the-toxic-legacy-of-war-in-iraq/ [22. 4. 2024]; Hazem Adam Ghobarah / Paul Huth / Bruce Russett, »Civil Wars Kill and Maim People – Long after the Shooting Stops«, in: *American Political Science Review* 97 (2003), 2, S. 189–202.

4 Barton Gellman, »Allied Air War Struck Broadly in Iraq«, in: *The Washington Post*, 23. 6. 1991; online unter: https://www.washingtonpost.com/archive/politics/1991/06/23/allied-air-war-struck-broadly-in-iraq/e469877b-b1c1-44a9-bfe7-084da4e38e41/ [22. 4. 2024]. Alle Übersetzungen englischsprachiger Zitate stammen, sofern nicht anders angegeben, von mir.

5 Ward Thomas, *The Ethics of Destruction.* Norms and Force in International Relations, Ithaca, NY u.a. 2001, S. 158 f.

6 Kenneth R. Rizer, »Bombing Dual-Use Targets. Legal, Ethical, and Doctrinal Perspectives«, in: *Air and Space Power Journal*, 1. 5. 2001, S. 11; online unter: https://www.airuniversity.af.edu/Portals/10/ASPJ/journals/Chronicles/Rizer.pdf [22. 4. 2024].

7 Thomas, *The Ethics of Destruction*, S. 165 f. Beth Osborne Daponte schätzt, dass 1991 etwa 205.500 Iraker:innen infolge des Golfkrieges und der Nachkriegswirren starben. Die Todesfälle durch die direkten Auswirkungen des Krieges lagen bei etwa 56.000 Militärangehörigen und 3500 Zivilist:innen. Ungefähr 35.000 Menschen starben durch Nachkriegsgewalt. Bei Weitem der größte Anteil der Todesfälle entfällt auf die 111.000 Opfer, die auf gesundheitliche Beeinträchtigungen in der Nachkriegszeit zurückzuführen sind. Von den sogenannten überzähligen Todesfällen (*excess deaths*) in der irakischen Bevölkerung waren etwa 109.000 Männer, 23.000 Frauen und 74.000 Kinder. Beth Osborne Daponte, »A Case Study in Estimating Casualties from War and Its Aftermath. The 1991 Persian Gulf War«, in: *The PSR Quarterly* 3 (1993), 2, S. 57–66, hier S. 65.

8 George A. Lopez, »The Gulf War. Not So Clean«, in: *Bulletin of the Atomic Scientists* 47 (1991), 7, S. 30–35, hier S. 35.

kulturellen Funktionen, die für moderne Gesellschaften von wesentlicher Bedeutung sind, umfasst zivile Infrastruktur die Nahrungsmittelversorgung, Gesundheitseinrichtungen, die Trinkwasser- und Energieversorgung sowie Kommunikations-, Transport- und Verkehrsnetze.[9] Zusätzlich zu direkten Angriffen auf solche Systeme kapern oder manipulieren bewaffnete Akteure zivile Infrastruktur auch häufig für militärische Zwecke.[10] Diese Strategie wird von verschiedenen Konfliktparteien eingesetzt, also sowohl von regulären militärischen Einheiten staatlicher Akteure als auch von nicht staatlichen Akteuren. In meinem Beitrag liegt der Fokus allerdings auf staatlichen Akteuren und hier insbesondere auf den USA, die als mächtigste Militärnation der Welt einen entscheidenden Einfluss auf die im Folgenden beschriebenen Praktiken und Prozesse ausüben.

Leitend sind dabei für mich zwei Hypothesen: zum einen die Annahme, dass gezielte Angriffe auf zivile Infrastruktur sowohl durch staatliche als auch durch nicht staatliche Akteure seit dem Ende des Kalten Krieges zugenommen haben; und zum anderen die Vermutung, dass sich mit der Intensität der Angriffe auch die dahinter liegenden Intentionen verändert haben – weg von militärischen hin zu vornehmlich politischen Zielen.[11] Diese Tendenzen sind durch drei miteinander verbundene Prozesse bedingt: erstens, die Kodifizierung des Prinzips der zivilen Immunität in den Genfer Konventionen und ihren Zusatzprotokollen, die Angriffe auf Zivilist:innen und zivile Objekte grundsätzlich verbieten;[12] zweitens, technologische Fortschritte in der Entwicklung von Waffen, die einen präzisen und sauberen Einsatz ermöglichen; und drittens, das Aufkommen neuer militärischer Strategien,

9 Peter H. Gleick, »Water as a Weapon and Casualty of Armed Conflict. A Review of Recent Water-Related Violence in Iraq, Syria, and Yemen«, in: *WIREs Water* 6 (2019), 4, S. 1–15; Samer Jabbour / Nasser Fardousi, »Violence against Health Care in Syria. Patterns, Meanings, Implications«, in: *British Journal of Middle Eastern Studies* 49 (2022), 3, S. 403–417; José Ciro Martínez / Brent Eng, »Stifling Stateness. The Assad Regime's Campaign against Rebel Governance«, in: *Security Dialogue* 49 (2018), 4, S. 235–253; Regine Schwab / Werner Krause / Samer Massoud, *The Bombing of Hospitals and Local Violence Dynamics in Civil Wars.* Evidence from Syria (= Households in Conflict Network Working Paper 403, 2023); online unter: https://hicn.org/working-paper/403/ [22. 4. 2024]; Jeannie L. Sowers / Erika Weinthal / Neda Zawahri, »Targeting Environmental Infrastructures, International Law, and Civilians in the New Middle Eastern Wars«, in: *Security Dialogue* 48 (2017), 5, S. 410–430; Lukáš Tichý, »Energy Infrastructure as a Target of Terrorist Attacks from the Islamic State in Iraq and Syria«, in: *International Journal of Critical Infrastructure Protection* 25 (2019), S. 1–13.

10 Marcus DuBois King, »The Weaponization of Water in Syria and Iraq«, in: *The Washington Quarterly* 38 (2015), 4, S. 153–169, hier S. 155.

11 Dies trifft vor allem auf die USA zu. Es ist zu prüfen, inwieweit dies auch für andere Akteure gilt.

12 Wenn im Folgenden von Normen gesprochen wird, so sind damit auch vertragliche oder völkergewohnheitsrechtliche Regeln gemeint. Siehe dazu u. a. Martha Finnemore / Kathryn Sikkink, »International Norm Dynamics and Political Change«, in: *International Organization* 52 (1998), 4, S. 887–917; online unter: https://home.gwu.edu/~finnemor/articles/1998_norms_io.pdf [22. 4. 2024].

die sich formell an das Völkerrecht halten und gleichzeitig die Erreichung von politischen statt militärischen Zielen in den Vordergrund stellen. Diese nicht linearen, miteinander verbundenen Prozesse haben während der letzten Jahrzehnte paradoxerweise den Weg geebnet für eine Zunahme von Angriffen auf zivile Infrastruktur. Um diese Behauptung zu plausibilisieren, skizziere ich im Folgenden die allgemeinen Entwicklungen nach dem Vietnamkrieg und vor allem nach dem Ende des Kalten Krieges, die Angriffe auf zivile Infrastruktur begünstigt haben. Die hier vorgestellten Hypothesen sollen in Zukunft auf der Grundlage einer systematischen Datenerhebung und -analyse weiter ausgeführt und getestet werden.

Mein Beitrag gliedert sich wie folgt: Zunächst folgt eine kurze Auseinandersetzung mit der Terminologie und dem Problem, zivile Infrastruktur zu definieren. Anschließend erörtere ich die normativen, technologischen und strategischen Gründe, die dazu geführt haben, dass Angriffe auf zivile Infrastruktur in den letzten Jahrzehnten zu einem immer wichtigeren Phänomen geworden sind. In Erwartung einer systematischen Datenerhebung und -analyse handelt es sich bei meinen Ausführungen zum gegenwärtigen Zeitpunkt zwar vorerst lediglich um Hypothesen, für die sich jedoch, wie ich zeigen werde, gute Gründe geltend machen lassen. Sollte sich das von mir entfaltete Argument als plausibel erweisen, hätte das weitreichende Konsequenzen für den Schutz der Zivilbevölkerung in Kriegsgebieten zur Folge.

## Zivile Infrastruktur – Terminologische Vorbemerkungen zu einem schwierigen Begriff

Die Definition von ziviler Infrastruktur stellt eine Herausforderung dar. Es kann zwischen zwei grundsätzlichen Herangehensweisen unterschieden werden. Erstens kann zivile Infrastruktur auf der Grundlage der rechtlichen Unterscheidung zwischen militärischen Zielen (*military objectives*) und zivilen Objekten (*civilian objects*) definiert werden, die im ersten Zusatzprotokoll (ZPI) zu den vier Genfer Konventionen von 1949 (GKI-IV) kodifiziert ist und als Völkergewohnheitsrecht gilt.[13] Artikel 48 des ZPI sieht vor, dass Konfliktparteien stets zwischen zivilen Objekten und militärischen Zielen unterscheiden müssen, und dass militärische Operationen ausschließlich gegen Letztere durchgeführt werden dürfen. Zivilist:innen (Artikel 51) und zivile Objekte (Artikel 52) dürfen niemals als solche angegriffen werden.

13 Zur gewohnheitsrechtlichen Einordnung siehe auch die ausführliche Studie des Internationalen Komitees vom Roten Kreuz (ICRC); vgl. Jean-Marie Henckaerts, »Study on Customary International Humanitarian Law. A Contribution to the Understanding and Respect for the Rule of Law in Armed Conflict«, in: *International Review of the Red Cross* 87 (2005), 857, S. 175–212; online unter: https://international-review.icrc.org/sites/default/files/irrc_857_9.pdf [22. 4. 2024].

Darüber hinaus werden in weiteren Artikeln Kategorien von besonders geschützten Objekten festgelegt. Dazu gehören Krankenhäuser und medizinische Einrichtungen (Artikel 19 GKI und GKIV, Art. 12 ZPI), Kulturgüter und Kultstätten (Artikel 53 ZPI), für die Zivilbevölkerung lebensnotwendige Objekte (Artikel 54 ZPI), die natürliche Umwelt (Artikel 55 ZPI) sowie Anlagen und Einrichtungen, die gefährliche Kräfte enthalten (Artikel 56 ZPI). Diese Bestimmungen definieren militärische Ziele *ex negativo* als weder zivil noch besonders geschützt. Artikel 52(2) ZPI enthält jedoch auch eine positive Definition eines militärischen Ziels in Bezug auf Gegenstände: So können zivile Objekte zu militärischen Zielen werden, wenn sie durch ihre (1) Beschaffenheit, ihren (2) Standort, ihre (3) Zweckbestimmung oder ihre (4) Verwendung wirksam zu militärischen Handlungen beitragen und wenn ihre gänzliche oder teilweise Zerstörung, ihre Inbesitznahme oder Neutralisierung, unter den zu diesem Zeitpunkt herrschenden Umständen, einen eindeutigen militärischen Vorteil darstellt.[14] Während die Merkmale (1) und (2) relativ eindeutig erscheinen, gestaltet sich die Unterscheidung zwischen zivilen Objekten und militärischen Zielen in Bezug auf die Merkmale (3) und (4) schwieriger. Das Kriterium der Zweckbestimmung bezieht sich auf die beabsichtigte zukünftige Verwendung eines Gegenstands, während sich das Kriterium der Verwendung auf seine aktuelle Funktion bezieht. Die Bestimmung ist insofern schwierig, als die meisten zivilen Objekte unter bestimmten Umständen für militärische Akteure nützlich werden können. Beispielsweise sind Schulen und Hotels zivile Einrichtungen, aber wenn sie für die Unterbringung von Truppen oder als Kommandozentrale genutzt werden, werden sie zu militärischen Zielen.[15] Allerdings muss die Nutzung für militärische Zwecke aktuell gegeben oder in Zukunft sehr wahrscheinlich sein.[16] Aus Artikel 52(3) geht zudem klar hervor, dass im Zweifelsfall davon auszugehen ist, dass solche Orte zivilen Zwecken dienen.

Einrichtungen mit doppeltem Verwendungszweck, zum Beispiel zivile Verkehrs- und Kommunikationsmittel, die für militärische Zwecke genutzt werden können, sind keine gesonderte Kategorie im Sinne des humanitären Völkerrechts und gelten daher als zivile Objekte, es sei denn, sie erfüllen die

14 Ich fasse diese beiden Aspekte (wirksamer Beitrag zu militärischen Handlungen und eindeutiger militärischer Vorteil) im Folgenden unter dem Begriff des militärischen Nutzens zusammen.

15 ICRC (Hg.), »Protocol Additional to the Geneva Conventions of 12 August 1949, and Relating to the Protection of Victims of International Armed Conflicts (Protocol I), 8 June, 1977. Commentary of 1987: Article 1952 – Protection of Civilian Objects«; online unter: *International Humanitarian Law Databases*, 8.6.1977; online unter: https://ihl-databases.icrc.org/en/ihl-treaties/api-1977/article-52/commentary/1987 [22.4.2024]

16 Michael N. Schmitt, »Ukraine Symposium – Attacking Power Infrastructure under International Humanitarian Law«, in: *Articles of War*, 20.10.2022; online unter: https://lieber.westpoint.edu/attacking-power-infrastructure-under-international-humanitarian-law/ [22.4.2024].

Kriterien, um zu militärischen Zielen zu werden.[17] Auch wenn zivile Objekte zu militärischen Zielen werden, gelten jedoch weiterhin die Regeln der Verhältnismäßigkeit und der Grundsatz der Vorsorge (Artikel 57 ZPI).

Insbesondere bei der Energieinfrastruktur stellt sich jedoch auch die Frage der Trennbarkeit. So gehört zu einem Stromnetz neben einem Kraftwerk und mehreren Umspannwerken zur Stromverteilung auch die Infrastruktur, die diese untereinander und mit den Nutzer:innen des Stromnetzes verbindet. Selbst wenn sie ein zusammenhängendes Netz bilden, sind die Komponenten, auf die die militärische Nutzung nicht angewiesen ist und die einzeln angegriffen werden können, keine militärischen Ziele. Sie behalten ihren zivilen Charakter und dürfen nicht angegriffen werden.[18]

Jedoch ist die positive Definition eines militärischen Ziels weiterhin ambivalent, da nicht eindeutig und abstrakt geklärt werden kann, was einen »wirksamen Beitrag zu militärischen Handlungen«, und was einen »eindeutigen militärischen Vorteil« darstellt. Ich folge daher Janina Dill[19] in ihrer kontextbezogenen Auslegung des Artikel 52(2) ZPI: Zulässige militärische Ziele sind nur solche Objekte, die unmittelbar und in einem direkten kausalen Schritt zum Ziel des generischen militärischen Sieges (*generic military victory*) beitragen. Ich bezeichne daher Objekte als zivile Infrastruktur, wenn kein direkter Bezug zum militärischen Nutzen vorhanden ist, das heißt, wenn mehr als ein Schritt in der Kausalkette erfolgen muss. Das impliziert auch, dass die Anwendung von Gewalt scharf von der Verfolgung politischer oder anderer Ziele zu trennen ist; diese müssen bei der Planung von Angriffen zurückgestellt werden.[20] Was das konkret bedeutet, werde ich im Abschnitt über militärische Strategien näher erläutern.

Letztlich ist neben der direkten Verbindung zum militärischen Nutzen (als Schritt zum militärischen Sieg) auch die Art und Weise, wie ein Objekt angegriffen wird, von Bedeutung für die Entscheidung, ob es sich um zivile Objekte oder militärische Ziele handelt. Die Strategie der Abriegelung aus der Luft (*interdiction*) kombiniert mit dem Zweck der Zermürbung (*attrition*) deutet vordergründig auf die Bekämpfung unumstrittener oder »traditioneller« militärischer Ziele hin, die in einem kausalen Schritt eine Verringerung der militärischen Effektivität des Gegners bewirkt.[21] Dagegen weist eine verstärkte Konzentration von Angriffen auf Objekte mit doppeltem

17 Marco Sassòli, *International Humanitarian Law.* Rules, Controversies, and Solutions to Problems Arising in Warfare, 2. Aufl., Cheltenham / Northampton, MA 2024, S. 380.

18 Schmitt, »Ukraine Symposium – Attacking Power Infrastructure under International Humanitarian Law«.

19 Janina Dill, *Legitimate Targets?* Social Construction, International Law and US Bombing, Cambridge 2015, S. 108.

20 Ebd. Außerdem ist laut ZPI unter den Möglichkeiten, den Feind auszuschalten, diejenige zu wählen, die am effizientesten ist und den geringsten unbeabsichtigten Schaden für die Zivilbevölkerung verursacht (Verhältnismäßigkeit).

21 Dill, *Legitimate Targets?*, S. 167.

Verwendungszweck, mit dem Ziel, die zivile Funktion dieser Objekte zu untergraben, auf die Durchsetzung politischer Ziele und damit eher auf den Einsatz militärischer Gewalt gegen zivile Objekte hin.[22]

## Warum haben Angriffe auf zivile Infrastruktur zugenommen?

Ich schlage drei Gründe vor, um die vermutete Zunahme von Angriffen auf zivile Infrastruktur durch staatliche und nicht staatliche Akteure in den letzten Jahrzehnten zu erklären: den faktischen Bedeutungszuwachs des humanitären Völkerrechts; die Entwicklung von immer präziseren Waffen und deren zunehmende Verbreitung, die mit der starken Proliferation von Explosivwaffen im Allgemeinen einhergeht; und die Anwendung neuer militärischer Strategien, insbesondere durch das US-amerikanische Militär, die sich zwar formal an das humanitäre Völkerrecht halten, gleichzeitig aber durch die erweiterte Definition militärischer Ziele ziviles Leiden stark begünstigen. Ich argumentiere, dass diese drei miteinander verknüpften Prozesse zwar zu einem Rückgang direkter Angriffe gegen Zivilist:innen geführt haben, dass sie aber gleichzeitig mit einer Zunahme von Angriffen auf zivile Infrastruktur verbunden sind, was – wie ich zeigen werde – oftmals als indirekte Form von Gewalt gegen Zivilist:innen verstanden werden kann.

Dieser Transformationsprozess – weg von direkten Angriffen auf Zivilist:innen hin zu Angriffen auf zivile Infrastruktur – begann nach dem Kalten Krieg. Der Trend, so die Vermutung, dürfte vor allem für Staaten im Globalen Norden von Bedeutung sein, sollte sich aber auch für einige nicht staatliche bewaffnete Akteure beobachten lassen.

### Die Verrechtlichung des Schutzes von Zivilist:innen in bewaffneten Konflikten

Die Schrecken des Zweiten Weltkrieges hatten zur Folge, dass bestimmte Formen von Gewalt gegen Zivilist:innen moralisch geächtet und rechtlich sanktioniert wurden.[23] Am wichtigsten im Kontext dieses Beitrags ist, dass sie zu einer entschiedenen Abkehr von sogenannten Punishment-Strategien führten. Darunter versteht man Strategien, die darauf ausgerichtet sind, durch den gezielten Einsatz massiver militärischer Gewalt gegen die Zivil-

22 Ebd., S. 193 f.

23 Selbstverständlich begannen die Bestrebungen zur rechtlichen Einhegung des Krieges bereits viel früher. In jedem Fall aber lässt sich ein enger Zusammenhang zwischen der Entwicklung des humanitären Völkerrechts und der zunehmenden Destruktivität des Krieges konstatieren. Siehe dazu Elvira Rosert, *Die Nicht-Entstehung internationaler Normen.* Permissive Effekte in der humanitären Rüstungskontrolle, Wiesbaden 2019, S. 39 f.

bevölkerung den Willen und den Widerstand des Gegners zu brechen.[24] Im Kontext des Zweiten Weltkrieges nahmen diese Strategien unter anderem die Form von Flächenbombardements an. Gegen Ende des Krieges verlagerte sich die Bombardierung von ausgewählten Zielen, die für die Kriegführung oder die Rüstungsproduktion des Feindes von entscheidender Bedeutung waren, auf Angriffe gegen ganze Städte, um die gegnerische Bevölkerung zu demoralisieren. Diese Strategie gipfelte schließlich in den Brandbombenangriffen auf deutsche und japanische Städte und den Atombombenabwürfen auf Hiroshima und Nagasaki.[25] In der Nachkriegszeit wurden strategische Bombardements (*strategic bombing*) und andere Formen des Einsatzes direkter oder besonders massiver Gewalt gegen Zivilist:innen als Kriegsmethoden moralisch delegitimiert.[26]

Dieser normative Wandel wurde jedoch nicht sofort in militärische Praktiken und völkerrechtliche Regelungen umgesetzt. Was Erstere betrifft, so kam es im Koreakrieg (1950–1953) seitens der USA zu groß angelegten Bombenangriffen auf nordkoreanische Städte und Staudämme, die ausdrücklich darauf abzielten, die Moral der Zivilbevölkerung zu untergraben.[27] Was Letztere betrifft, so behandelten die Genfer Konventionen von 1949 Themen am Rande von Militäroperationen, etwa den Umgang mit Gefangenen, Zivilist:innen und Soldat:innen *hors de combat* sowie die Besetzung gegnerischen Territoriums.[28] Explizite Angriffsverbote beschränkten sich auf Krankenhäuser und Schutzzonen, wurden aber nicht für zivile Objekte im Allgemeinen formuliert.[29] Erst mit den Zusatzprotokollen von 1977 wurden

24 Dahinter steht die Überlegung, dass entweder die feindliche Regierung nachgibt, um das Leiden der Zivilbevölkerung zu beenden, oder die Bevölkerung sich gegen die Regierung auflehnt. Vgl. Robert A. Pape, *Bombing to Win.* Air Power and Coercion in War, Ithaca, NY / London 1996, S. 18 f.

25 Martin Coward, »Network-Centric Violence, Critical Infrastructure and the Urbanization of Security«, in: *Security Dialogue* 40 (2009), 4–5, S. 399–418, hier S. 401 f.

26 Tami Davis Biddle, »Strategic Bombardment. Expectation, Theory, and Practice in the Early Twentieth Century«, in: Matthew Evangelista / Henry Shue / Tami Davis Biddle (Hg.), *The American Way of Bombing.* Changing Ethical and Legal Norms, from Flying Fortresses to Drones, Ithaca, NY / London 2014, S. 27–46; Giovanni Mantilla, »Social Pressure and the Making of Wartime Civilian Protection Rules«, in: *European Journal of International Relations* 26 (2020), 2, S. 443–468; Thomas, *The Ethics of Destruction.* Dill argumentiert, dass Zivilist:innen und zivile Objekte auch während des Zweiten Weltkrieges nicht als solche angegriffen wurden, sondern dass man die betreffenden Angriffe als Beitrag zu den Kriegsanstrengungen oder als unvermeidliches Nebenprodukt des Krieges darstellte. Dies., *Legitimate Targets?,* S. 116 und S. 119.

27 Pape, *Bombing to Win,* Kap. 5.

28 Dill, *Legitimate Targets?,* S. 5.

29 George H. Aldrich, »The Laws of War on Land«, in: *American Journal of International Law* 94 (2000), 1, S. 42–63, hier S. 50. Das Verbot der Bombardierung unverteidigter Städte ist sehr viel älter und geht auf den Lieber-Code von 1863 zurück; es wurde in der Haager Landkriegsordnung von 1899 in Artikel 25 kodifiziert. Dieser Artikel war vor allem im Hinblick auf die zunehmende Reichweite der Artillerie von Bedeutung, die es den Konfliktparteien ermöglichte, Zivilist:innen weit hinter den Frontlinien zu treffen. Wie Jochnick und Normand jedoch anmerken, ›legalisierten‹ die Kriegsparteien im Ersten Weltkrieg den

Kampfhandlungen als solche umfassend positivrechtlich geregelt.[30] Bereits vor der weitgehenden Kodifizierung der Unterscheidung zwischen Zivilist:innen und Kombattant:innen sowie zwischen zivilen Objekten und militärischen Zielen im ZPI legte die US-Regierung im Vietnamkrieg (1965–1972)[31] viel größeren Wert auf die Vermeidung ziviler Opfer als zuvor in Korea. Dabei spielten allerdings andere Faktoren als das humanitäre Völkerrecht eine wichtige Rolle, insbesondere die öffentliche Meinung.[32] Einigen Expert:innen zufolge wurde die Norm der zivilen Immunität erstmals im Ersten Irakkrieg von 1991 sichtbar, der zeigte, dass die von den USA angeführte Koalition vor direkten Angriffen auf Zivilist:innen zurückschreckte.[33]

Durch die Kodifizierung der Genfer Konventionen (1949) und ihrer Zusatzprotokolle (1977/2005) besteht das humanitäre Völkerrecht heute aus einer Reihe von Rechtsinstrumenten, die das Verhalten staatlicher und nicht staatlicher Akteure in bewaffneten Konflikten regulieren.[34] Obwohl das humanitäre Völkerrecht grundsätzlich nur dann gilt, wenn die Konfliktparteien die entsprechenden Verträge ratifiziert haben, kann man heute insofern von einer quasi universellen Geltung ausgehen, als die Legitimität der darin enthaltenen Normen auch in den Fällen, in denen sie nicht eingehalten werden, nicht offen in Abrede gestellt wird.[35]

Unter anderem als Folge der Verinnerlichung – zum Beispiel in nationalen militärischen Vorschriften (*military manuals*) – beziehungsweise der impliziten und expliziten Anerkennung dieser Normen durch die meisten Staaten haben einige Wissenschaftler:innen argumentiert, dass Kriege im Laufe der Zeit sowohl seltener als auch weniger tödlich geworden seien.[36] Andere

Einsatz von Luftangriffen auf zivile Zentren, indem sie die geschützten »unverteidigten Gebiete« des Artikels 25 als Gebiete ohne militärische Ziele interpretierten. Wenn also eine kriegführende Partei ein vermutetes militärisches Ziel in einer Stadt angriff, zum Beispiel eine Waffenfabrik, galt diese Stadt nicht mehr als »unverteidigt«, unabhängig davon, ob sie tatsächlich im gewöhnlichen Sinne des Wortes verteidigt wurde. Chris af Jochnick / Roger Normand, »The Legitimation of Violence. A Critical History of the Laws of War«, in: *Harvard International Law Journal* 35 (1994), 1, S. 49–95, hier S. 80.

30 Dill, *Legitimate Targets?*, S. 5.

31 Dieser Zeitraum bezieht sich auf die Operationen »Rolling Thunder« (1965–1968) und »Linebacker« I und II (1972) der US-amerikanischen Luftwaffe.

32 Thomas, *The Ethics of Destruction*, S. 152–157.

33 Ward Thomas, »Victory by Duress. Civilian Infrastructure as a Target in Air Campaigns«, in: *Security Studies* 15 (2006), 1, S. 1–33, hier S. 6 f.

34 Dill, *Legitimate Targets?*, S. 5. Interessanterweise gibt es keine Gesetze, die Luftangriffe als solche regeln. Die derzeitigen Vorschriften beruhen immer noch auf den Regeln der Haager Konferenz von 1907, auf der Artikel 25, der die Regeln für Land- und Seebombardements festschreibt, so geändert wurde, dass er auch Luftbombardements abdeckt. Vgl. Jochnick/Normand, »The Legitimation of Violence«, S. 76.

35 Rosert, *Die Nicht-Entstehung internationaler Normen*, S. 38.

36 Kristian Skrede Gleditsch, »An Ever More Violent World?«, in: *Political Studies Review* 17 (2019), 2, S. 99–114; Human Security Centre (Hg.), *War and Peace in the 21st Century*, New York 2005 (= Human Security Report 2005), S. 170; Steven Pinker, *Gewalt*. Eine neue Geschichte der Menschheit, übers. von Sebastian Vogel, Frankfurt am Main 2011.

Expert:innen sind jedoch weniger optimistisch, was die Macht des humanitären Völkerrechts angeht.[37] So stellt Downes fest,[38] dass demokratische Staaten unter bestimmten Umständen eher Zivilist:innen angreifen als nicht demokratische Staaten, insbesondere in langwierigen Abnutzungskriegen. Andere stellen fest, dass Staaten das humanitäre Völkerrecht nur dann einhalten, wenn sie erwarten, dass andere Akteure dies ebenfalls tun werden.[39] Zudem entwickeln Staaten Strategien und übernehmen spezifische Rechtsauslegungen, um zu vermeiden, sich juristisch angreifbar zu machen.[40] So haben die USA in den Kriegen nach dem 11. September 2001 auf der Grundlage expansiver Vorstellungen von militärischer Notwendigkeit agiert, die zu neuen Formen von ›vorhersehbaren‹ Kollateralschäden führten.[41] Das Völkerrecht kann somit zur Legitimierung von Gewalt eingesetzt werden, indem Handlungen vor einem internationalen oder nationalen Publikum gerechtfertigt und Kategorien geschaffen werden, die die Anwendung von Gewalt als zulässig erscheinen lassen.[42] Manche Beobachter:innen sprechen in diesem Kontext auch von permissiven Effekten von Verbotsnormen.[43]

Andere kritisieren, dass das humanitäre Völkerrecht in erster Linie den hochtechnologisierten westlichen Armeen diene, die dank ihrer Präzisionswaffen besser in der Lage seien, dessen Vorschriften einzuhalten. Weniger gut ausgerüstete Streitkräfte seien dagegen nicht nur technologisch im Nachteil, sondern es sei für sie auch viel schwieriger, einen rechtskonformen

37 Samuel Moyn, *Humane*. How the United States Abandoned Peace and Reinvented War, New York 2021; Benjamin Valentino / Paul Huth / Sarah Croco, »Covenants without the Sword. International Law and the Protection of Civilians in Times of War«, in: *World Politics* 58 (2006), 3, S. 339–377; Matthew Evangelista / Nina Tannenwald (Hg.), *Do the Geneva Conventions Matter?*, Oxford 2017.

38 Alexander B. Downes, *Targeting Civilians in War*, Ithaca, NY 2008.

39 James D. Morrow, »When Do States Follow the Laws of War?«, in: *American Political Science Review* 101 (2007), 3, S. 559–572.

40 Neta Crawford, *Accountability for Killing*. Moral Responsibility for Collateral Damage in America's Post-9/11 Wars, Oxford 2013; Tanisha M. Fazal, »Why States No Longer Declare War«, in: *Security Studies* 21 (2012), 4, S. 557–593; Ian Hurd, *How to Do Things with International Law*, Princeton, NJ / Oxford 2017; Moyn, *Humane*; Kyle Reed, »Strategic Use of Law in Global Politics«, in: *Oxford Research Encyclopedia of International Studies*, 18. 10. 2023; online unter: https://oxfordre.com/internationalstudies/display/10.1093/acrefore/9780190846626.001.0001/acrefore-9780190846626-e-816 [22. 4. 2024].

41 Crawford, *Accountability for Killing*.

42 Lothar Brock / Hendrik Simon (Hg.), *The Justification of War and International Order*. From Past to Present, Oxford / New York 2021; Hurd, *How to Do Things with International Law*; Jochnick/Normand, »The Legitimation of Violence«; Moyn, *Humane*; Charlotte Peevers, *The Politics of Justifying Force*. The Suez Crisis, the Iraq War, and International Law, Oxford 2013; Kyle Rapp, »Justifying Force. International Law, Foreign Policy Decision-Making, and the Use of Force«, in: *European Journal of International Relations* 28 (2022), 2, S. 337–360.

43 Rosert, *Die Nicht-Entstehung internationaler Normen*; Nina Tannenwald, »The Nuclear Taboo. The United States and the Normative Basis of Nuclear Non-Use«, in: *International Organization* 53 (1999), 3, S. 433–468.

Krieg zu führen.[44] Manche der strukturell vermeintlich benachteiligten Gewaltakteure (einschließlich nicht staatlicher Gruppen) machen sich die konstatierte Asymmetrie jedoch zunutze, indem sie gegen ihre technologisch und rechtlich überlegenen Feinde die Strategie des *lawfare* anwenden. Der von US-General Charles Dunlap entwickelte Begriff beschreibt Aktivitäten, die darauf abzielen, das militärische Vorgehen der gegnerischen Streitkräfte zu delegitimieren, indem es als rechtswidrig dargestellt wird. Zum Arsenal der Strategie des *lawfare* gehört etwa der gezielte Einsatz von Zivilist:innen und ziviler Infrastruktur als (menschliche) Schutzschilde.[45] Diese Strategie ist somit nicht nur mit einer Zunahme von Angriffen auf zivile Infrastruktur verbunden, sondern geht auch mit deren Instrumentalisierung für militärische Zwecke einher.

Schließlich beschränkt sich der Schutz, den das Völkerrecht der Zivilbevölkerung gewährt, lediglich auf die unmittelbaren Auswirkungen militärischer Angriffe, nicht auf mittel- und langfristige Folgen, die sich aus Schäden an der zivilen Infrastruktur oder den langfristigen und häufig verheerenden Konsequenzen des Krieges ergeben.[46] Wie ein aktuelles Forschungsprojekt zu kumulativen zivilen Kriegsschäden feststellt, versäumt es das Völkerrecht, die indirekten Auswirkungen lang andauernder Konflikte, wie etwa den Zusammenbruch der Infrastruktur oder andere Formen langfristiger Zerstörung, in angemessener Weise zu berücksichtigen.[47]

Trotz aller Fortschritte, die nach dem Zweiten Weltkrieg in Bezug auf den Schutz von Zivilist:innen erzielt wurden, teile ich die Skepsis der letztgenannten Gruppe von Wissenschaftler:innen. Obwohl unterschiedslose Angriffe auf Zivilist:innen und zivile Objekte durch internationale Normen geächtet und durch das Völkergewohnheitsrecht ebenso wie durch völkerrechtliche Verträge verboten sind, argumentiere ich im Folgenden für die These, dass sich der Einsatz von Gewalt gegen zivile Infrastruktur als Alternative zu direkten Angriffen auf Zivilist:innen zunehmend etabliert. Das ist paradoxerweise gerade deshalb der Fall, weil viele politische und militärische Akteure sich verpflichtet fühlen, die Norm der zivilen Immunität einzuhalten, sei es aus aufrichtiger Überzeugung oder aus eher instrumentellen Gründen. Sie sehen sich daher sowohl im nationalen als auch im internationalen Rahmen mit erheblichen moralischen und politischen Kosten

44 Thomas W. Smith, »The New Law of War. Legitimizing Hi-Tech and Infrastructural Violence«, in: *International Studies Quarterly* 46 (2002), 3, S. 355–374, hier S. 362.

45 Adam Roberts, »The Civilian in Modern War«, in: Hew Strachan / Sibylle Scheipers (Hg.), *The Changing Character of War*, Oxford 2011, S. 357–380, hier S. 376.

46 Smith, »The New Law of War«, S. 356.

47 Siehe Noam Lubell / Janina Dill, »Cumulative Civilian Harm in War. Addressing the Hidden Human Toll of the Law's Blind Spot«. Eine kurze Beschreibung des Forschungsprojekts findet sich auf den Seiten des Department of Politics and International Relations der University of Oxford; online unter: https://www.politics.ox.ac.uk/project/cumulative-civilian-harm-war-addressing-hidden-human-toll-laws-blind-spot [22.4.2024].

konfrontiert, wenn sie in großem Maßstab Gewalt gegen Zivilist:innen anwenden.[48] Interessanterweise trifft dieser Befund nicht nur auf staatliche, sondern auch auf (zumindest einige) nicht staatliche Akteure zu.[49] Beispielsweise neigen sezessionistische Gruppen dazu, weniger Gewalt gegen Zivilist:innen auszuüben, weil sie internationale Anerkennung und politische Legitimität erlangen wollen.[50] Im Gegensatz zu Massentötungen sind Angriffe auf zivile Infrastruktur oft auch leichter zu leugnen oder lassen sich als Angriffe auf militärische Ziele deklarieren und ermöglichen somit einen gewissen Grad an *plausible deniability*. Seit dem Ende des Kalten Krieges sollte sich daher in etlichen bewaffneten Konflikten eine Zunahme von Angriffen auf zivile Infrastruktur beobachten lassen, während der unmittelbare und direkte Einsatz von massiver Gewalt gegen Zivilist:innen eher abgenommen haben sollte.

## Die verstärkte Verbreitung von Explosivwaffen und von präzisionsgelenkter Munition

Die Entwicklung expliziter Normen gegen unterschiedslose Angriffe auf Zivilist:innen und zivile Objekte sowie deren Kodifizierung im Völkerrecht ist allerdings nicht die einzige Ursache für die zunehmende Gewalt gegen zivile Infrastruktur. Auch die massenhafte Verbreitung von Explosivwaffen im Allgemeinen und von präzisionsgelenkter Munition (PGM) im Besonderen tragen zu diesem Trend bei.

Die weltweit zunehmende Verbreitung von Explosivwaffen ist sicherlich eine wichtige Entwicklung, die Angriffe auf zivile Infrastruktur begünstigt. Tödliche Waffensysteme, die früher nur Staaten zur Verfügung standen, werden heute auch von einer Vielzahl nicht staatlicher Akteure eingesetzt.[51]

48 Jessica A. Stanton, *Violence and Restraint in Civil War*. Civilian Targeting in the Shadow of International Law, Cambridge 2016, S. 8 f.

49 Hyeran Jo, *Compliant Rebels*. Rebel Groups and International Law in World Politics, Cambridge 2015; Jessica A. Stanton, »Rebel Groups, International Humanitarian Law, and Civil War Outcomes in the Post-Cold War Era«, in: *International Organization* 74 (2020), 3, S. 523–559.

50 Tanisha M. Fazal / Margarita Konaev, »Homelands versus Minelands. Why Do Armed Groups Commit to the Laws of War?«, in: *Journal of Global Security Studies* 4 (2019), 2, S. 149–168.

51 David Kilcullen, *The Accidental Guerrilla*. Fighting Small Wars in the Midst of a Big One, Oxford / New York 2011; ders., *The Dragons and the Snakes*. How the Rest Learned to Fight the West, New York 2020; Edward Stoddard, »Maoist Hybridity? A Comparative Analysis of the Links between Insurgent Strategic Practice and Tactical Hybridity in Contemporary Non-State Armed Groups«, in: *Studies in Conflict & Terrorism* 46 (2023), 6, S. 913–937. Diese Aussage muss natürlich weiter differenziert werden. Einerseits ist es richtig, dass viele nicht staatliche Akteure inzwischen auch über fortgeschrittene Waffen einschließlich präzisionsgesteuerter Munition verfügen. Aber die Fähigkeit, diese Einzelwaffen in einen größeren Komplex von Aufklärungsfähigkeiten und Wirkmitteln zu integrieren und damit Angriffe praktisch weltweit mit hoher Geschwindigkeit und hoher Präzision durchzuführen, besitzen nach wie vor nur die USA.

Zu den Explosivwaffen gehören neben PGMs auch Raketen, Artilleriegranaten und improvisierte Sprengkörper.[52]

Betrachtet man die historische Entwicklung und Verbreitung dieser Waffen, so war der Einsatz von Artilleriesystemen mit großer Reichweite im Ersten Weltkrieg vornehmlich Staaten vorbehalten, während in den 1960er-Jahren die Mörsertechnologie sowohl bei nicht staatlichen als auch bei staatlichen Akteuren nahezu allgegenwärtig war. Zu Beginn des 20. Jahrhunderts verfügten nur staatliche Armeen über Maschinengewehre, die 1914 sogar von den Großmächten in relativ geringer Zahl eingesetzt wurden; Mitte des 20. Jahrhunderts waren sie jedoch auch bei nicht staatlichen Akteuren selbstverständlicher Bestandteil der militärischen Ausrüstung. Panzer tauchten erstmals 1916 auf den Schlachtfeldern auf und machten bis 1945 selbst in den Arsenalen der Großmächte nur einen vergleichsweise kleinen Teil aus.[53] 1990 hingegen setzten bereits mehr als ein Viertel aller nicht staatlichen Akteure Panzer, gepanzerte Mannschaftswagen und/oder schwere Artillerie in Bürgerkriegen ein; 2004 waren es bereits fast die Hälfte.[54] PGMs wurden erstmals 1967 von der US-amerikanischen Luftwaffe in Vietnam eingesetzt. Im Jahr 1994 hatten sogar somalische Stammesmilizen Zugang zu infrarotgesteuerten SA-7-Flugabwehrraketen aus russischer Produktion und drahtgesteuerten US-amerikanischen TOW-Panzerabwehrraketen.[55]

Neben der zunehmenden Verbreitung von Waffen ist auch deren Weiterentwicklung mitverantwortlich für den Trend zu vermehrten Angriffen auf zivile Infrastruktur. Seit den 1970er-Jahren hat die Militärtechnologie mit der Entwicklung von immer präziseren Waffen eine Revolution erlebt.[56] Man hätte erwarten können, dass mit dem Aufkommen von PGMs eine Ära ›sauberer‹ Kriege einsetzt, die sich durch die Begrenzung von Angriffen auf die gegnerischen Streitkräfte und die Entwicklung immer präziserer Munition zur Bekämpfung militärischer Ziele ohne Kollateralschäden auszeichnet. Wie Thomas feststellt,[57] ist Technologie durchaus dazu in der Lage, eine Konvergenz zwischen Ethik und Effizienz herbeizuführen, indem sie die Durchführung präziser Maßnahmen gegen eng definierte militärische Ziele ermöglicht. Diese Entwicklung ist jedoch nie Wirklichkeit geworden.

52 Mark Zeitoun / Michael Talhami, »The Impact of Explosive Weapons on Urban Services. Direct and Reverberating Effects across Space and Time«, in: *International Review of the Red Cross* 98 (2016), 1, S. 53–70, hier S. 58; online unter: https://international-review.icrc.org/sites/default/files/irc_97_901-6.pdf [22. 4. 2024].

53 Stephen D. Biddle, *Nonstate Warfare.* The Military Methods of Guerillas, Warlords, and Militias, Princeton, NJ 2021, S. 59.

54 Stathis N. Kalyvas / Laia Balcells, »International System and Technologies of Rebellion. How the End of the Cold War Shaped Internal Conflict«, in: *American Political Science Review* 104 (2010), 3, S. 415–429.

55 Biddle, *Nonstate Warfare*, S. 59.

56 Michael Russell Rip / James M. Hasik, *The Precision Revolution.* GPS and the Future of Aerial Warfare, Annapolis, MD 2002.

57 Thomas, *The Ethics of Destruction*, S. 172.

Einige Kritiker:innen würden sogar behaupten, dass das Gegenteil eingetreten ist. Erstens verursachen Waffen mit höherer Genauigkeit und geringerer Wirkung, wie unbemannte Luftfahrzeuge oder Drohnen, tatsächlich neue Arten von Schäden, da sie in Gebieten eingesetzt werden können, in denen Angriffe zuvor unmöglich waren, wie etwa in dicht besiedelten städtischen Gebieten.[58] Paradoxerweise setzt die Entwicklung präziserer Waffentechnologien die Zivilbevölkerung somit einem größeren Risiko aus als weniger präzise und zerstörerische Technologien.[59] Laut Lawrence Lewis, einem ehemaligen Berater des Pentagons und des US-Außenministeriums, »können wir jetzt in den Straßen der Städte zuschlagen, weil wir Hellfire-Raketen haben, und wir haben schicke Dinger mit Klingen […]. Wir entwickeln all diese Fähigkeiten, aber wir nutzen sie nicht, um das Risiko für Zivilist:innen zu verringern. Wir setzen sie nur ein, um Angriffe zu verüben, die wir vorher vielleicht nicht durchführen konnten.«[60]

Da solche Waffen zudem in nicht wenigen Fällen ihre Ziele verfehlen und unvollständige oder falsche Informationen immer wieder dazu führen, dass auch geschützte Objekte ins Visier geraten, können die Auswirkungen auf die Zivilbevölkerung gravierend sein.[61] Schließlich können PGMs eingesetzt werden, um gezielt und mit hoher Präzision zivile Infrastrukturen anzugreifen, die als militärische Ziele deklariert werden.[62] Genau das ist während des Krieges gegen den Irak 1991 geschehen: »Das schlimmste zivile Leid […] wurde nicht durch fehlgeleitete Bomben verursacht, sondern durch präzisionsgelenkte Waffen, die genau dort einschlugen, wo sie einschlagen sollten – in Elektrizitätswerken, Ölraffinerien und Verkehrsnetzen. Jedes dieser Ziele wurde während des Krieges als zulässig anerkannt, aber die Zwecke und Folgen ihrer Zerstörung wurden nicht diskutiert.«[63]

58 Joshua Andresen, »The Paradox of Precision and the Weapons Review Regime«, in: *Philosophical Journal of Conflict and Violence* 5 (2021), 1, S. 19–34, hier S. 19; online unter: https://trivent-publishing.eu/img/cms/2-%20Joshua%20Andresen.pdf [22. 4. 2024].

59 Ebd., S. 26.

60 Zit. nach Azmat Khan, »The Civilian Casualty Files. Hidden Pentagon Records Reveal Patterns of Failure in Deadly Airstrikes«, in: *The New York Times*, 18. 12. 2021; online unter: https://www.nytimes.com/interactive/2021/12/18/us/airstrikes-pentagon-records-civilian-deaths.html [22. 4. 2024]. Die Formulierung »schicke Dinger mit Klingen« bezieht sich auf Bomben des Typs AGM-114 R9X Hellfire Blade, die nicht explodieren, sondern stattdessen sechs scharfe Klingen besitzen. Vgl. »AGM-114 R9X Hellfire Blade Bomb«, in: *GlobalSecurity.org*, 17. 5. 2019; online unter: https://www.globalsecurity.org/military/systems/munitions/agm-114r9x.htm [22. 4. 2024].

61 Bruce Cronin, *Bugsplat*. The Politics of Collateral Damage in Western Armed Conflicts, New York 2018. Was den Kosovokrieg betrifft, so zeigen interne Pentagon-Dokumente, dass 70 Prozent der von der US-Luftwaffe eingesetzten präzisionsgesteuerten Munition ihre Zielpunkte trafen. Siehe William M. Arkin, »Smart Bombs, Dumb Targeting?«, in: *Bulletin of the Atomic Scientists* 56 (2000), 3, S. 46–53, hier S. 49.

62 Max Mutschler / Marius Bales, »Liquid or Solid Warfare? Autocratic States, Non-State Armed Groups and the Socio-Spatial Dimension of Warfare in Yemen«, in: *Geopolitics* 29 (2024), 1, S. 319–347, hier S. 320.

63 Gellman, »Allied Air War Struck Broadly in Iraq«.

Seit 1990 haben sich PGMs über einige wenige ausgewählte Staaten hinaus in weiten Teilen der Welt verbreitet.[64] Sie werden auch zunehmend von nicht staatlichen Akteuren wie der Hisbollah, den Huthi-Milizen oder dem Islamischen Staat eingesetzt.[65] Wie bereits erwähnt, birgt die starke Verbreitung von Präzisionswaffensystemen in den letzten Jahrzehnten neue Risiken für die Zivilbevölkerung, insbesondere in dicht besiedelten Gebieten. Andere Explosivwaffen sind sogar für einen größeren Kreis von Akteuren zugänglich, da sie relativ billig und zudem schnell herzustellen sind. Sie sind weniger präzise und verursachen eine unmittelbarere und größere Zerstörung als PGMs. In Kombination haben diese beiden Waffensysteme in den letzten Jahrzehnten wahrscheinlich zu einer Zunahme der Angriffe auf und der Zerstörung von ziviler Infrastruktur beigetragen.

## Neue militärische Strategien – Punishment light?

Zusätzlich zu den genannten rechtlichen und technologischen Entwicklungen, die Angriffe auf zivile Infrastruktur begünstigen, dürften auch neue, vor allem seitens des US-amerikanischen Militärs entwickelte Strategien den Trend verstärken. Eine zentrale Rolle spielen darin strategische Bombardements, denen eine entscheidende Bedeutung zugeschrieben wird, obwohl es keine schlüssigen Beweise für die Wirksamkeit von luftgestützten Zwangsmaßnahmen (*coercion*) und insbesondere von Punishment-Einsätzen gibt, und zwar weder in zwischenstaatlichen noch in innerstaatlichen Kriegen.[66] Dennoch sehen einige Militärexpert:innen derartige Einsätze der

64 Lauren Kahn / Michael C. Horowitz, »Who Gets Smart? Explaining How Precision Bombs Proliferate«, in: *Journal of Conflict Resolution* 67 (2023), 1, S. 3–37; online unter: https://journals.sagepub.com/doi/full/10.1177/00220027221111143 [22. 4. 2024].

65 Itamar Lifshitz / Ayal Meents, »The Paradox of Precision. Nonstate Actors and Precision-Guided Weapons«, in: *War on the Rocks*, 17. 11. 2020; online unter: http://warontherocks.com/2020/11/the-paradox-of-precision-nonstate-actors-and-precision-guided-weapons/ [22. 4. 2024]; Mutschler/Bales, »Liquid or Solid Warfare?«.

66 Pape, *Bombing to Win*; Michael Horowitz / Dan Reiter, »When Does Aerial Bombing Work? Quantitative Empirical Tests, 1917–1999«, in: *Journal of Conflict Resolution* 45 (2001), 2, S. 147–173; Matthew Adam Kocher / Thomas B. Pepinsky / Stathis N. Kalyvas, »Aerial Bombing and Counterinsurgency in the Vietnam War«, in: *American Journal of Political Science* 55 (2011), 2, S. 201–218; Susan Hannah Allen / Carla Martinez Machain, »Understanding the Impact of Air Power«, in: *Conflict Management and Peace Science* 36 (2019), 5, S. 545–558; Melissa Dell / Pablo Querubin, »Nation Building through Foreign Intervention. Evidence from Discontinuities in Military Strategies«, in: *The Quarterly Journal of Economics* 133 (2018), 2, S. 701–764; online unter: https://academic.oup.com/qje/article/133/2/701/4110419 [22. 4. 2024]; Evangelista/Shue/Biddle (Hg.), *The American Way of Bombing*. Wie Pape argumentiert, »erzeugt [schweres] *Punishment* zwar emotionale Belastungen, aber dies verringert eher kollektive Aktionen gegen die Regierung, als dass es sie verstärkt, weil schweres *Punishment* eine ›Überlebens‹-Reaktion hervorruft […]. Bevölkerungen, die schwere Luftangriffe überleben, leiden in der Regel unter vorübergehenden emotionalen Belastungen […], und stark bombardierte Bevölkerungen können Gefühle der Feindseligkeit gegenüber ihrer eigenen Regierung entwickeln, aber

Luftwaffe weiterhin (oder erneut) als effektives Mittel an, um die Moral der Zivilbevölkerung zu untergraben und Kriege zu gewinnen. Obwohl die meisten Militärs die Norm verinnerlicht haben, dass direkte Angriffe gegen die Zivilbevölkerung nicht zulässig sind, halten sie Angriffe auf zivile und als Dual Use deklarierte Infrastruktur gleichwohl für zulässig. Die Vorstellung, dass der gewaltsam forcierte Entzug grundlegender Güter und Dienstleistungen für die Bevölkerung ein wirksames politisches Druckmittel gegen die Regierung des betreffenden Landes sein kann, ist ein wichtiger Bestandteil der strategischen Bombardierungsdoktrin.[67] Darüber hinaus sollte ein weiterer Punkt nicht vergessen werden: Politiker:innen, vor allem in westlichen Demokratien, sind auf die Unterstützung der öffentlichen Meinung angewiesen. Mit Rücksicht auf die gestiegene Sensibilität der Bevölkerung gegenüber Opfern in den Reihen der eigenen Streitkräfte scheinen sie daher eher bereit zu sein, der Durchführung von Luftangriffen als der Entsendung von Bodentruppen zuzustimmen.[68] Obwohl die Armeen der USA und anderer Staaten die Norm der zivilen Immunität verinnerlicht und konkrete Maßnahmen zur Minimierung von Kollateralschäden ergriffen haben,[69] gibt es aus den genannten Gründen ein neu entfachtes Interesse am Einsatz zielgenauer moderner Waffensysteme gegen nicht eindeutig militärische Ziele, von deren Zerstörung man sich einen Vorteil für die eigenen Truppen verspricht.

Die Befürworter:innen strategischer Bombardements behaupten, dass PGMs plötzlich und gleichzeitig alle volkswirtschaftlich kritischen Knotenpunkte, wie Energie- und Kommunikationsnetze, ausschalten könnten.[70] Zu ihnen gehört John Warden III,[71] einer der einflussreichsten US-amerikanischen Theoretiker des Luftkrieges in den Achtziger- und Neunzigerjahren, der auch maßgeblich an der Planung der Operation Desert Storm im Irak beteiligt war. Ausgehend von seinem Fünf-Ringe-Modell moderner Gesellschaften – von der politischen Führung im Zentrum über die Infrastruktur, die organischen Grundlagen und die Zivilbevölkerung bis hin zu den Streit-

diese Gefühle werden durch das Bedürfnis nach persönlicher Sicherheit überwältigt. Infolgedessen führt schweres *Punishment* nicht zu auflehnendem Verhalten, sondern zu politischer Apathie.« Ders., *Bombing to Win,* S. 25.

67 Thomas, *The Ethics of Destruction,* S. 165.

68 John E. Mueller, *War, Presidents, and Public Opinion,* New York 1973.

69 Theo Farrell, *The Norms of War*. Cultural Beliefs and Modern Conflict, Boulder, CO 2005; Colin H. Kahl, »In the Crossfire or the Crosshairs? Norms, Civilian Casualties, and U.S. Conduct in Iraq«, in: *International Security* 32 (2007), 1, S. 7–46; Moyn, *Humane*.

70 Stephen Graham, »Switching Cities Off«, in: *City* 9 (2005), 2, S. 169–194; Daniel T. Kuehl, »Airpower vs. Electricity. Electric Power as a Target for Strategic Air Operations«, in: *Journal of Strategic Studies* 18 (1995), 1, S. 237–266; Roberts, »The Civilian in Modern War«, S. 375.

71 John A. Warden III, »Employing Air Power in the Twenty-First Century«, in: Richard H. Shultz / Robert L. Pfaltzgraff (Hg.), *The Future of Air Power in the Aftermath of the Gulf War,* Maxwell Air Force Base 1992, S. 57–82, hier S. 64–66.

kräften im äußeren Ring – argumentiert Warden, dass es wichtiger sei, die wahren Gravitationszentren des Feindes zu treffen, als dessen Streitkräfte. Warden lehnt zwar direkte Angriffe auf Zivilist:innen ab und besteht darauf, dass nur indirekte Angriffe – also Angriffe auf zivile und kritische Infrastruktur – legitim seien.[72] Seine und ähnlich argumentierende Theorien bergen jedoch die Gefahr, die etablierte rechtliche Unterscheidung zwischen militärischen Zielen und zivilen Objekten zu verwischen. Diese problematische Tendenz spiegelt sich auch in neueren US-amerikanischen Militärhandbüchern wider. So heißt es im *Law of War Manual* des US-Verteidigungsministeriums, dass ein Objekt bereits dann als militärisches Ziel eingestuft werden kann, wenn es »effektiv zur gegnerischen *Fähigkeit* zur Kriegführung oder zur Aufrechterhaltung des Krieges beiträgt«.[73]

Die meisten Staaten und internationalen Rechtsexpert:innen lehnen diese erweiterte Definition eines militärischen Ziels ab.[74] Der Umstand, dass anstelle des in Artikel 52(2) (ZPI) genannten konkreten Beitrags zu einer militärischen Handlung nunmehr die abstrakte Fähigkeit zur Kriegführung ausreicht, verringert den Nexus zwischen dem tatsächlichen Zweck eines Objekts und seinem möglichen militärischen Nutzen. Wie schon im Abschnitt zur Terminologie diskutiert, kommen somit weitaus mehr Objekte als militärische Ziele infrage. Tatsächlich umfasst diese weit gefasste Definition den größten Teil der Wirtschaft eines Landes sowie dessen zivile Infrastruktur – mit Ausnahme der Zivilbevölkerung selbst.[75]

Darüber hinaus gibt es Anzeichen dafür, dass die USA bei der Anwendung militärischer Gewalt in anderen Ländern eher politische Ziele anstreben als militärische Erfolge.[76] Diese Priorisierung entspricht auch der

72 Graham, »Switching Cities Off«, S. 176.

73 Department of Defense (Hg.), *War Manual*, Washington, D.C. 2015, S. 1176, hier Abs. 5.6.6.2 (meine Hervorh., R.S.). Diese Formulierung findet sich bereits im *Annotated Supplement to The Commander's Handbook on the Law of Naval Operations* von 1999. Vgl. A. R. Thomas / James C. Duncan, *Annotated Supplement to The Commander's Handbook on the Law of Naval Operations*, Newport, RI 1999, S. 402; online unter: https://www.govinfo.gov/content/pkg/GOVPUB-D208-PURL-gpo3917/pdf/GOVPUB-D208-PURL-gpo3917.pdf [22. 4. 2024]. Für eine umfangreiche Analyse der Veränderungen in US-amerikanischen Rechtsdoktrinen und militärischen Strategien hinsichtlich der Erweiterung des Verständnisses legitimer militärischer Ziele verweise ich auf das exzellente Buch von Janina Dill: dies., *Legitimate Targets?*, insbes. Abs. 4.2.

74 Schmitt, »Ukraine Symposium – Attacking Power Infrastructure under International Humanitarian Law«; Henry Shue, »Target-Selection Norms, Torture Norms, and Growing US Permissiveness«, in: Strachan/Scheipers (Hg.), *The Changing Character of War*, S. 464–483.

75 Shue, »Target-Selection Norms, Torture Norms, and Growing US Permissiveness«, S. 467f.

76 Dill, *Legitimate Targets?*, S. 121. Natürlich versuchen staatliche und nicht staatliche Akteure meist, ambitionierte politische Ziele durch den Einsatz von Waffengewalt zu erreichen. Es macht jedoch einen Unterschied, ob sie dann hauptsächlich militärische Ziele, wie im ZPI definiert, angreifen, oder Ziele, die mit ihren politischen Ambitionen (wie z. B. *regime change*) in Verbindung stehen, aber keinen eindeutig militärischen Charakter haben.

Militärdoktrin der wirkungsorientierten Operationen (*effects-based operations*, EBOs), der zufolge erfolgreiche Kriegführung darin besteht, die angestrebten politischen Ziele zu erreichen, ohne die militärischen Kräfte des Gegners zerstören zu müssen. Dafür sollten nicht nur militärische, sondern vor allem auch politische oder wirtschaftliche Einrichtungen anvisiert werden, die direkt mit den übergeordneten politischen Zielen eines Krieges verbunden sind. EBOs werden vor allem von Zermürbungs- oder luftgestützten Abriegelungsstrategien unterschieden.[77] Durch die damit verbundene Art der Kriegführung wird die vom ZPI vorgesehene scharfe Trennung zwischen zivilen Objekten und militärischen Zielen aufgehoben.

Eine Kombination aus beiden Faktoren – ein erweitertes Verständnis militärischer Ziele und die Priorisierung politischer Ziele gegenüber militärischen Erfolgen in bewaffneten Konflikten – findet sich auch in der US-amerikanischen Doktrin des strategischen Angriffs wieder, die 1998 erstmals formuliert wurde und die eng verwandt mit EBOs ist.[78] In einer aktualisierten Version von 2007 heißt es:

> Angriffe auf Güter mit doppeltem Verwendungszweck, wie zum Beispiel die Stromversorgung, haben nicht nur systemweite negative Auswirkungen, sondern können sich auch als wirksam erweisen, wenn es darum geht, Druck auf Regime auszuüben, in denen Unruhen in der Bevölkerung ein Thema sind. […] Ein strategischer Angriff auf valide militärische Ziele kann den Effekt haben, Unruhen in der gegnerischen Bevölkerung zu erzeugen und/oder die Infrastruktur des Gegners zu schwächen. […] In der Vergangenheit haben diese Mechanismen direkte Angriffe auf die Zivilbevölkerung beinhaltet, um die Unzufriedenheit [in der Bevölkerung] zu erhöhen und die gegnerische Führung unter Druck zu setzen […]. Ein direkter Angriff auf die Zivilbevölkerung des Gegners verstößt jedoch gegen das humanitäre Völkerrecht [*international law concerning the conduct of war*]. Die USA bleiben diesen Gesetzen und den Grundsätzen, die sie stützen, verpflichtet. […] Jetzt jedoch, mit dem Aufkommen von Präzisionswaffen, sind die USA in der Lage, die zerstörerische Wirkung von SA [strategischem Angriff] sorgfältig zu regulieren und so Kollateralschäden zu minimieren. Diese Fähigkeit versetzt die USA in die Lage, diese Zwangsmechanismen in einer Weise einzusetzen, die mit den Gesetzen des bewaffneten Konflikts vereinbar ist.[79]

77 Dill, *Legitimate Targets?*, S. 125.
78 Thomas, »Victory by Duress«, S. 14.
79 Zit. nach Shue, »Target-Selection Norms, Torture Norms, and Growing US Permissiveness«, S. 470 f.

Thomas zufolge[80] handelt es sich bei Ansätzen wie der wirkungsorientierten und netzwerkzentrierten Kriegführung weniger um radikale Neuerungen als vielmehr um eine Renaissance der Luftkriegstheorie der Zwischenkriegszeit im Zeitalter der Präzisionswaffen. In gewissem Sinne kann man in den neueren Entwicklungen tatsächlich eine Rückkehr zu früheren strategischen Überlegungen aus der Mitte der 1930er-Jahre sehen: Im Gegensatz zu den Briten zielte die an der U.S. Air Corps Tactical School (ACTS) entwickelte US-amerikanische Industrial-Web-Theorie der Luftangriffe nicht auf die direkte Tötung einer möglichst großen Zahl von Zivilist:innen, sondern auf einen allgemeinen gesellschaftlichen Zusammenbruch durch die Bombardierung wichtiger industrieller und wirtschaftlicher Knotenpunkte ab.[81] In Vorträgen aus den späten 1930er-Jahren wurde der Kern dieser Strategie dargelegt: »Die Bombardierung von Elektrizitätswerken würde die Wasserversorgung halbieren, da die Pumpstationen außer Betrieb gesetzt wären, gekühlte Lebensmittel würden verderben, und Haushalte wären ohne Strom.«[82] Wie ein Kommentator anmerkte, konzentrierte sich der Ansatz der USA im Gegensatz zu dem der Briten »eher auf Dinge als auf Menschen«.[83] Obwohl behauptet wurde, dass diese Strategie darauf abgezielt habe, die militärische Macht des Gegners zu schwächen, wurden in den Vorträgen selten konkrete militärische Auswirkungen erwähnt.

Zusammenfassend lässt sich sagen, dass US-amerikanische Militärdoktrinen seit den 1990er-Jahren zwar die Norm der zivilen Immunität anerkennen, dass sie aber gleichzeitig eine erweiterte Definition von militärischen Zielen enthalten und die Bombardierung ausgewählter Infrastruktureinrichtungen mit präziser Munition für ein zulässiges Mittel zur Durchsetzung ihrer übergeordneten politischen Ziele erachten. Beides bricht mit der Vorstellung eines legitimen militärischen Ziels im Sinne des ZPI.[84] Es ist gut vorstellbar, dass diese Strategien und Doktrinen den Weg geebnet haben für vermehrte Angriffe auf zivile Infrastruktur durch andere staatliche und nicht staatliche Akteure.

## Militärische Praxis

In der militärischen Praxis der USA und ihrer Verbündeten lassen sich seit dem Vietnamkrieg drei miteinander zusammenhängende Trends beobachten: erstens, eine verringerte Abriegelung aus der Luft, also ein Rückgang von Luftkriegsoperationen, die darauf abzielen, das militärische Potenzial des Gegners zu schwächen oder zu zerstören; zweitens, eine Ausweitung

80 Thomas, »Victory by Duress«, S. 12.
81 Smith, »The New Law of War«, S. 361.
82 Pape, *Bombing to Win,* S. 64.
83 Zit. nach Thomas, »Victory by Duress«, S. 5.
84 Dill, *Legitimate Targets?*, S. 108.

von Zielen mit Dual-Use-Funktion einschließlich einer veränderten Intention dieser Angriffe; und drittens, eine Zunahme von Luftangriffen auf Ziele ohne direkten militärischen Nutzen.[85]

Bei der Bombardierung Nordvietnams handelte es sich größtenteils um Luftangriffe auf unumstrittene militärische Ziele. Die Absicht hinter den Angriffen war die Zermürbung der militärischen Fähigkeiten des Nordens.[86] Versuche, die Moral der Zivilbevölkerung durch Angriffe auf zivile Infrastruktur zu untergraben, spielten eine untergeordnete Rolle. Dagegen waren diese während des Ersten Irakkrieges zentral: Wie ein von der *Washington Post* befragter Air-Force-Planer anmerkte, sollten Angriffe auf das Stromnetz eine klare Botschaft an das irakische Volk senden: »Wir werden Saddam Hussein und sein Regime nicht dulden. Bringt das in Ordnung, und wir bringen eure Elektrizität in Ordnung.«[87] Der damalige Oberbefehlshaber der Luftkampagne, Generalleutnant Charles Horner, argumentierte, dass Angriffe auf das Stromnetz nicht nur die militärischen Aktivitäten der irakischen Armee behinderten, sondern auch den (durchaus erwünschten) Nebeneffekt einer psychologischen Wirkung auf die irakische Zivilbevölkerung hätten.[88] Mit dieser Ansicht stand er zu dieser Zeit nicht allein.

Während die Absicht, die Zivilbevölkerung durch gezielte Angriffe auf zivile Infrastruktur unter Druck zu setzen, bereits im Ersten Irakkrieg zu beobachten war, trat sie bei der NATO-Luftangriffskampagne gegen die Bundesrepublik Jugoslawien im Jahr 1999 (*Operation Allied Force*) noch wesentlich deutlicher hervor. Nachdem mehrere Wochen lang relativ wenige Angriffe gegen entsprechende Einrichtungen geflogen worden waren, forcierte die NATO das Tempo der Kampagne und erweiterte die Liste der als legitim erachteten Ziele. Leitend war dabei die Intention, den Krieg direkt in die serbische Bevölkerung zu tragen, insbesondere in die Hauptstadt Belgrad. Die Liste der zulässigen Ziele wurde auf staatliche Rundfunk- und Fernsehsender, Eisenbahn- und Autobahnbrücken sowie das Stromnetz ausgeweitet. Am Ende des Krieges waren 85 Prozent des Landes ohne Strom. Obwohl die betroffenen Infrastrukturen gleichermaßen für militärische wie zivile Zwecke genutzt werden konnten, sollte ihre Zerstörung wohl eher den Druck auf die Zivilbevölkerung und die politische Führung Serbiens erhöhen als seine militärische Operationsfähigkeit schwächen. Diese Interpretation ergibt sich nicht zuletzt aus dem militärischen Kontext im Kosovo: Kleine, dezentral operierende Truppen, die lokal ›ethnische Säuberungen‹ durch-

85 Ebd., S. 179–181.

86 Ebd., S. 169.

87 Zit. nach Gellman, »Allied Air War Struck Broadly in Iraq«. Während des Irakkrieges 1991 führte die Koalition 890 Angriffe auf Elektrizitäts- und Ölanlagen durch, darunter 25 Kraftwerke. Siehe Thomas A. Keaney / Eliot A. Cohen, *Gulf War Air Power Survey*. Summary Report, Washington, D.C. 1993, S. 72 f.; online unter: https://media.defense.gov/2010/Sep/27/2001329801/-1/-1/0/AFD-100927-061.pdf [22. 4. 2024].

88 Gellman, »Allied Air War Struck Broadly in Iraq«.

führten, waren weit weniger auf umfangreiche Vorräte und komplexe Befehls- und Kontrollnetze angewiesen als größere Einheiten, wie beispielsweise die Panzerkontingente im Irak 1991. Wie im Fall des Ersten Irakkrieges waren die mit der veränderten Strategie verbundenen Absichten auch aus den Erklärungen ranghoher Vertreter:innen der NATO- und des US-amerikanischen Militärs ersichtlich. So erklärte beispielsweise der damalige Oberste Alliierte Befehlshaber der NATO-Streitkräfte, General Wesley Clark, dass das Ziel darin bestehe, »Milošević und seinem Volk den Schmerz nach Hause zu bringen«.[89] Michael Short, der Befehlshaber des Joint Force Air Component der NATO, drückte es so aus: »Wenn man morgens aufwacht und keinen Strom für sein Haus und kein Gas für seinen Herd hat und die Brücke, über die man zur Arbeit fährt, zusammengebrochen ist und für die nächsten zwanzig Jahre in der Donau liegen wird, beginnt man sich zu fragen: ›Hey, Slobo, was soll das alles?‹«[90]

## Eine explosive Mischung – Wie Normen, technologische Entwicklungen und militärische Strategien zusammenwirken

Wie etliche kritische Expert:innen betonen, hat die gestiegene Präzision der Waffen Kriege keineswegs weniger tödlich gemacht, da neue Technologien nur so gut oder schlecht sind wie die zugrunde liegenden Strategien und völkerrechtlichen Regeln.[91] Wenn Militärdoktrinen beispielsweise Angriffe auf zivile Infrastruktureinrichtungen als Objekte mit doppeltem Verwendungszweck nicht nur für zulässig erachten, sondern diese sogar explizit empfehlen, ist die Wahrscheinlichkeit, dass PGMs oder sogenannte smarte Bomben die entsprechenden Ziele treffen, deutlich höher als bei ungelenkten oder ›dummen‹ Bomben, die (zumindest von westlichen Staaten) zumeist gar nicht erst für solche Zwecke eingesetzt würden. Es geht also nicht allein um die Auswirkungen technologischen Wandels, sondern um die Konvergenzen zwischen Normen, Technologie und militärischen Strategien.

Die Genfer Konventionen und das ZPI sind aus der Absicht heraus entstanden, gezielte Massenbombardements von Zivilist:innen wie im Zweiten Weltkrieg zu verhindern. Wie Janina Dill bemerkt,[92] beruhen in heutigen Kriegen Angriffe auf zivile Einrichtungen, die in der Hoffnung unternommen werden, dass die derart bedrängte Bevölkerung wachsenden Druck auf die Regierung oder eine andere Autorität ausübt, jedoch letztlich auf demselben Mechanismus, auch wenn die bombardierten Ziele nicht deckungsgleich sind. Die Verwendung von PGMs als Teil von wirkungsorientierten

89 Zit. nach Thomas, »Victory by Duress«, S. 9.

90 Zit. nach Thomas, *The Ethics of Destruction*, S. 165.

91 Shue, »Target-Selection Norms, Torture Norms, and Growing US Permissiveness«, S. 466.

92 Dill, *Legitimate Targets?*, S. 131.

und verwandten militärischen Doktrinen könnte somit zur Rehabilitierung von Punishment-Strategien beitragen, wenn auch in einer vermeintlich schwächeren Version. Pape zufolge

> kann die Luftwaffe der Zivilbevölkerung schreckliche Kosten durch Sättigungsbombardements auf Bevölkerungszentren auferlegen, wie im Zweiten Weltkrieg geschehen. Oder sie kann indirekt Leiden verursachen, indem sie die zivile Wirtschaft zerstört. Die Zerstörung von Stromnetzen, Ölraffinerien, Wasser- und Abwassersystemen sowie des inländischen Transportwesens kann die Fähigkeit einer Nation, Lebensmittel zu verteilen und zu kühlen, Wasser zu reinigen und Häuser zu heizen, erheblich einschränken und so im Laufe der Zeit Armut, Krankheit und Hunger in der Bevölkerung vergrößern.[93]

Eine solche Zerstörung »fügt Zivilist:innen maximales Leid zu, ohne sie tatsächlich zu töten«.[94] Das offenkundige Problem dabei ist nur, dass der Grat zwischen nicht tödlichem und tödlichem Leid ausgesprochen schmal ist.

## Ausblick

In letzter Zeit sind die langfristigen Auswirkungen bewaffneter Konflikte auf die öffentliche Gesundheit sowie die wirtschaftliche und gesellschaftliche Entwicklung stärker in den Blickpunkt der Forschung gerückt.[95] Angriffe auf zivile Infrastruktur, wie ich sie in diesem Artikel thematisiert habe, sind wahrscheinlich für eine große Zahl von gesundheitlichen Beeinträchtigungen und Todesfällen verantwortlich, die noch lange nach dem Abwurf von Bomben auftreten. Eine umfassende Analyse dieses wichtigen Phänomens steht jedoch noch aus. In meinem Beitrag habe ich drei weitreichende Entwicklungen skizziert, die mit der Zunahme von Angriffen auf zivile Infrastruktur nach dem Ende des Kalten Krieges zusammenhängen. Ich habe argumentiert, dass die Herausbildung der zivilen Immunitätsnorm, technologische Innovationen in der Waffenentwicklung und neuere, vor allem US-amerikanische Militärstrategien paradoxerweise dazu geführt haben, dass zivile Infrastruktur in den letzten Jahrzehnten zunehmend zum Ziel militärischer Angriffe geworden ist. Insgesamt deutet dieser Trend auf ein größeres Zerstörungspotenzial des Krieges und ein erhöhtes Risiko für die Zivilbevölkerung in Konfliktgebieten hin, und zwar nicht nur im Moment des

93 Pape, *Bombing to Win*, S. 59.

94 Thomas, »Victory by Duress«, S. 7.

95 Ghobarah/Huth/Russett, »Civil Wars Kill and Maim People – Long after the Shooting Stops«, S. 189–202; Savell, »How Death Outlives War«; Sowers/Weinthal, »Health and Environmental Tolls of Protracted Conflicts in the Middle East and North Africa«, S. 339–345.

Angriffs, sondern auch und vor allem in der mittel- und langfristigen Zukunft. Das hat weitreichende Folgen nicht nur für die betroffenen Zivilist:innen, sondern auch für andere militärische Akteure, die sich durch die Beispiele zur Nachahmung ermutigt fühlen können. So ist davon auszugehen, dass die militärischen Strategien des mächtigsten Landes der Welt von anderen bewaffneten Mächten genau beobachtet werden. Diese könnten versucht sein, sich ähnlicher Rechtfertigungen zu bedienen, auch wenn sie über weit weniger präzise Waffen verfügen und sich noch weniger an das humanitäre Völkerrecht gebunden fühlen. was noch mehr Leid unter der Zivilbevölkerung zur Folge hätte. Im Winter 2022/2023 griff Russland beispielsweise systematisch das ukrainische Stromnetz an. Obwohl es sich dabei um Dual-Use-Objekte handelte, waren die Auswirkungen der Zerstörung auf die Zivilbevölkerung im Vergleich zum militärischen Vorteil unverhältnismäßig, da die ukrainischen Streitkräfte über eine ausreichende Anzahl von Ersatzgeneratoren verfügten. Darüber hinaus hat Russland nicht einmal behauptet, die Angriffe hätten einen militärischen Zweck, sondern offen erklärt, das Ziel bestünde darin, der ukrainischen Zivilbevölkerung das Leben so schwer zu machen, dass die Ukraine den russischen Forderungen nachgeben würde.[96]

*Regine Schwab ist wissenschaftliche Mitarbeiterin am Institut für Politikwissenschaft der Goethe-Universität Frankfurt am Main und am Leibniz-Institut für Friedens- und Konfliktforschung.*
*schwab@prif.org*

96 Sassòli, *International Humanitarian Law*, S. 381.

*Linn-Sophie Löber*

# Bystandertum und kollektive Verantwortung

## Mit der Verschiebung von Zuständigkeitsgrenzen des Völkerstrafrechts zu einer gendergerechteren Gesellschaft?

Erlebt eine Gesellschaft den Ausbruch von Massengewalt, werden scheinbar unverrückbare Grenzen des Sozialen verschoben und das Alltagsvertrauen der Menschen wird grundlegend erschüttert: Verbrechen gegen die Menschlichkeit oder genozidale Gewalt – global geächtete Straftatbestände des Völkerrechts – sind plötzlich an der Tagesordnung, Nachbar:innen werden zu Täter:innen und die Zahl direkter Opfer und indirekt Betroffener schnellt in die Höhe. Kommt es nach solchen Ausbrüchen zu einer Beilegung der akuten Gewalthandlungen, kann von einem positiven Frieden noch keine Rede sein.[1] Vielmehr tritt die betroffene Gesellschaft nun in eine Transitionsphase ein. Sie muss sich gewissermaßen rekalibrieren, einen Umgang mit der erlebten Gewalterfahrung finden und das gemeinsame Zusammenleben ihrer Mitglieder neu organisieren. Im Zuge dieses Prozesses stellen sich zahlreiche Fragen: Wie können Täter:innen und Opfer beziehungsweise deren Angehörige zukünftig gemeinsam eine idealerweise demokratische Gesellschaft formen? Wie lässt sich das begangene Unrecht aufarbeiten? Und schließlich: Wie ist Versöhnung im Sinne eines friedlichen Zusammenlebens möglich? Mit der Suche nach Antworten auf diese Fragen beschäftigt sich die Transitional Justice (TJ).[2] Das seit den 1990er-Jahren praktizierte Konzept wird in erster Linie als Werkzeugkasten verstanden, der diverse Instrumente zur Vergangenheitsbewältigung enthält, die in unterschiedlichen Kontexten variabel eingesetzt werden können. Dazu zählen unter anderem Reparationen, Wahrheitskommissionen, öffentliche Entschuldigungen, aber auch Sanktionen durch das Völkerstrafrecht, das

1 Im Sinne der unter anderem von Johan Galtung geprägten Idee »beinhaltet ein positiver Frieden die Abwesenheit struktureller indirekter Gewalt und damit die Verwirklichung umfassender sozialer Gerechtigkeit, die mehr ist als die bloß formale politisch-juristische Gleichheit der Staaten und Individuen. [...] Ohne die Verwirklichung gleicher Lebenschancen, also ohne die Beseitigung sozialer Ungerechtigkeit, politischer Unterdrückung und kultureller Diskriminierung ist ein Frieden Galtung zufolge unvorstellbar.« Thorsten Bonacker / Peter Imbusch, »Zentrale Begriffe der Friedens- und Konfliktforschung. Konflikt, Gewalt, Krieg, Frieden«, in: Peter Imbusch / Ralf Zoll (Hg.), *Friedens- und Konfliktforschung*. Eine Einführung, 5. Aufl., Wiesbaden 2010, S. 67–142, hier S. 130 f.

2 Anja Mihr / Gert Pickel / Susanne Pickel, »Einführung in Transitional Justice«, in: dies. (Hg.), *Handbuch Transitional Justice*. Aufarbeitung von Unrecht – hin zur Rechtsstaatlichkeit und Demokratie, Wiesbaden 2018, S. 3–23, hier S. 4.

seit der Einrichtung der internationalen Tribunale für das ehemalige Jugoslawien (ICTY) und Ruanda (ICTR) sowie des Internationalen Strafgerichtshofs (ICC) in Den Haag eine prominente Rolle einnimmt.[3]

Die Chancen und Risiken einer juristischen Aufarbeitung von Massengewalt im Rahmen von Transitionsphasen sind immer wieder Gegenstand wissenschaftlicher Debatten. Welchen Mehrwert haben Urteile für die Etablierung der Rechtsstaatlichkeit einerseits und für die gesellschaftliche Versöhnung andererseits? Kann die justizielle Beschäftigung mit der Vergangenheit zu einer wahrheitsorientierten Geschichtsschreibung beitragen? Oder vertieft sie – gerade infolge von Akten ethnisch motivierter Gewalt – die Gräben zwischen den Konfliktparteien und steht dem Ziel der Versöhnung sogar entgegen?

In diesem Zusammenhang muss schließlich auch gefragt werden: Wen berücksichtigt die internationale Strafjustiz überhaupt? Diese Frage ist sowohl mit Blick auf die Opfer als auch die Täter:innen relevant. Im einen Fall zieht sie weitere Fragen hinsichtlich der Opferbeteiligung nach sich: Welche Chancen zur Mitwirkung an einem Prozess haben die Opfer der Verbrechen oder deren Angehörige? Wie werden sie im Zuge des Prozesses vor Retraumatisierung geschützt? Welche Ansprüche auf Reparationen können sie geltend machen? Im anderen Fall hat sie Fragen zum Umgang mit den Täter:innen zur Folge: Wer wird angeklagt? Welche Definition von Täter:innenschaft liegt den Gerichtsstatuten zugrunde? Welche Täter:innen werden angesichts limitierter Kapazitäten der internationalen Strafjustiz tatsächlich zur Verantwortung gezogen? Welche Genderstereotype manifestieren sich in diesen Fällen? Und welche Rolle spielen sogenannte Bystander[4] – also passive, unbeteiligte Zuschauer:innen – in diesem Kontext?

Mein Beitrag befasst sich in erster Linie mit Aspekten der Täter:innenschaft und des Bystandertums sowie damit verbundenen Genderimplikationen. Betrachtet man die bislang 51 Personen, die seit Inkrafttreten des Römischen Statuts im Jahr 2002 vor dem ICC angeklagt wurden,[5] so fällt auf, dass unter ihnen nur eine Frau zu finden ist – Simone Gbagbo. Seitdem der ICC im März 2023 einen internationalen Haftbefehl gegen Maria Alekseyevna Lvova-Belova, die Kinderrechtsbeauftragte der Russischen Föderation, erlassen hat, ist eine weitere Frau im Visier der Ermittlungen.[6] Mit Stand Ok-

3 Ebd., S. 6f. und S. 13; Laurel E. Fletcher / Harvey M. Weinstein, »Violence and Social Repair. Rethinking the Contribution of Justice to Reconciliation«, in: *Human Rights Quarterly* 24 (2002), 3, S. 573–639, hier S. 582.

4 Für eine ausführliche Erläuterung vgl. den Abschnitt »Frauen als Bystander«.

5 Internationaler Strafgerichtshof (Hg.), »Defendants«; online unter: https://www.icc-cpi.int/defendants [4. 5. 2024].

6 Internationaler Strafgerichtshof (Hg.), »Situation in Ukraine. ICC Judges Issue Arrest Warrants against Vladimir Vladimirovich Putin and Maria Alekseyevna Lvova-Belova«, 17. 3. 2023; online unter: https://www.icc-cpi.int/news/situation-ukraine-icc-judges-issue-arrest-warrants-against-vladimir-vladimirovich-putin-and [4. 5. 2024].

tober 2017 hat Natalie Hodgson ermittelt, dass sich bis dato von insgesamt 566 Personen nur sechs Frauen wegen Völkerstraftaten vor internationalen Gerichten oder Tribunalen verantworten mussten, was einem Anteil von gerade einmal 1,1 Prozent entspricht.[7] Auch ein Blick in die Vergangenheit zeigt: Weibliche Angeklagte sind deutlich in der Minderheit. Im Nürnberger Hauptkriegsverbrecherprozess 1945/1946 waren ausschließlich Männer angeklagt, und auch in den zahlreichen folgenden Prozessen überstieg die Zahl der männlichen Angeklagten die der weiblichen deutlich.[8] Eine seltene Ausnahme stellt der Ravensbrück-Prozess 1946/1947 dar. Hier waren sieben der 16 Angeklagten Frauen. Vor Gericht und in der öffentlichen Wahrnehmung wurden diese jedoch anders behandelt als die männlichen Angeklagten. Sie wurden entweder als Gehilfinnen dargestellt, um ihnen lediglich eine marginale Rolle im Verbrechenskontext zuzuschreiben, oder sie galten als von der weiblichen Norm gänzlich abweichende Bestien, was der Abgrenzung der Normalbevölkerung von den Täterinnen diente.[9]

Es stellt sich die Frage, wie ein derart gravierendes Geschlechterungleichgewicht zustande kommt. Eine gängige Erklärung lautet, dass Frauen seltener hochrangige politische oder militärische Posten bekleiden, was wiederum an der nach wie vor vorhandenen Wirkmächtigkeit traditioneller Geschlechterrollen liegt, die Frauen in Bereichen wie Politik und Militär am Aufstieg in Führungspositionen hindern. Gerade solche hochrangigen Führungspersonen aber soll die internationale Strafjustiz zur Verantwortung ziehen.[10] Des Weiteren herrscht die Annahme vor, dass Frauen seltener als direkte Gewalttäterinnen in Erscheinung treten würden, sondern hauptsächlich in der Rolle von Bystandern zu finden seien.[11] Deren Rolle zu berücksichtigen, ist nach herrschender Auffassung nicht Aufgabe der Justiz. Aber wie plausibel ist diese Auffassung? Und sollte sie weiterhin handlungsleitend sein? Oder sollte das Völkerstrafrecht diese selbst auferlegte Grenze seiner Definition von Täter:innenschaft ausweiten, um künftig auch solche Personen zur Rechenschaft ziehen zu können, die lediglich durch Zusehen und Nichtstun zum Erfolg von Gewalttaten beigetragen haben? Welche Al-

7 Natalie Hodgson, »Gender Justice or Gendered Justice? Female Defendants in International Criminal Tribunals«, in: *Feminist Legal Studies* 25 (2017), 3, S. 337–357, hier S. 340 f.; online unter: https://doi.org/10.1007/s10691-017-9359-7 [4. 5. 2024].

8 Ulrike Weckel / Edgar Wolfrum, »NS-Prozesse und ihre öffentliche Resonanz aus geschlechtergeschichtlicher Perspektive«, in: dies. (Hg.), *›Bestien‹ und ›Befehlsempfänger‹*. Frauen und Männer in NS-Prozessen nach 1945, Göttingen 2003, S. 9–21, hier S. 9 f.

9 Anette Kretzer, »She Who Violates the Law of War … Hauptkriegsverbrecherinnen im Hamburger Ravensbrück-Prozess 1946/47«, in: Cilja Harders / Bettina Roß (Hg.), *Geschlechterverhältnisse in Krieg und Frieden*. Perspektiven der feministischen Analyse internationaler Beziehungen, Opladen 2002, S. 123–141, hier S. 123 f. und S. 125 f.

10 Hodgson, »Gender Justice or Gendered Justice?«, S. 341; Alette Smeulers, »Female Perpetrators. Ordinary or Extra-Ordinary Women?«, in: *International Criminal Law Review* 15 (2015), 2, S. 207–253, hier S. 231 f.

11 Smeulers, »Female Perpetrators«, S. 211.

ternativen sind denkbar, um Bystander in den Fokus zu nehmen? Und welchen Mehrwert hätte ein solches Vorgehen mit Rücksicht auf den Versöhnungsprozess?

Im Anschluss an die Erörterung dieser Fragen möchte ich untersuchen, inwiefern eine Neuverhandlung des Verständnisses von Täter:innenschaft über die justizielle Wahrnehmung von Täterinnen beziehungsweise weiblichen Bystandern hinaus auch zu einer Neuverhandlung der gesellschaftlichen Rolle von Frauen im Allgemeinen beitragen kann.

Meine Argumentation gliedert sich wie folgt: In einem ersten Schritt werde ich die unterschiedlichen Rollen von Frauen im Kontext von Massengewalt thematisieren. Sodann werde ich die gängige (völker-)strafrechtliche Definition von Täter:innenschaft darlegen und die potenzielle Ausweitung der Zuständigkeit der Völkerstrafjustiz auf Bystander kritisch diskutieren. In diesem Zusammenhang werde ich auch Konzepte individueller und kollektiver Verantwortung besprechen sowie die Rolle des Völkerstrafrechts für Transitional Justice beleuchten. Schließlich werde ich der Frage nachgehen, ob und wie Transitionsprozesse im Allgemeinen und die justizielle Sichtbarkeit von Täterinnen und weiblichen Bystandern im Besonderen die Grenzen gesellschaftlicher Vorstellungen von weiblichen Genderrollen verschieben können.

## Frauen und Massenverbrechen

In der herkömmlichen gesellschaftlichen Wahrnehmung gelten Frauen nach wie vor eher als friedlich, fürsorglich und schwach, Männer hingegen als aggressiv, stark und mutig. Im Kontext von Gewaltkonflikten ist dies nicht anders. Jean Elshtain hat die stereotype Darstellung der Geschlechterrollen in bewaffneten Konflikten mithilfe der stilisierten Figuren der *beautiful soul* und des *just warrior* illustriert. Männer kämpfen demnach als gerechte Krieger für die schutzbedürftigen schönen Seelen, während Frauen ausschließlich als handlungsohnmächtige Opfer von männlicher Kriegsgewalt verstanden werden; eigene Handlungsmacht als Akteurinnen im Konfliktgeschehen werde ihnen per se abgesprochen.[12]

Mit dieser plakativen Gegenüberstellung erfasst Elshtain ein lange Zeit vorherrschendes und noch immer einflussreiches Verständnis von Geschlecht: Männlichkeit und Weiblichkeit sind diesem zufolge binäre naturgegebene Kategorien, wobei das Männliche als die Norm, das Weibliche als das Andere angesehen wird.[13] Davon ausgehend werden Männer und Frau-

12 Jean Bethke Elshtain, *Women and War* [1987], Chicago, IL / London 1995, S. 4.

13 Karen Hagemann, »Introduction. Gender and the History of War – The Development of the Research«, in: dies. / Stefan Dudink / Sonya O. Rose (Hg.), *The Oxford Handbook of Gender, War, and the Western World since 1600*, Oxford / New York 2020, S. 1–34, hier S. 2;

en in unterschiedlichen gesellschaftlichen Sphären verortet: Frauen im Privaten und im häuslichen Umfeld, Männer hingegen in der Öffentlichkeit, in der Politik und im Militär.[14]

Voraussetzung für eine gendersensible Evaluation der Rolle von Frauen in bewaffneten Konflikten und Massenverbrechen ist jedoch ein konstruktivistisches Verständnis von Gender. Konstitutiv für das soziale Geschlecht sind demnach nicht naturgegebene, sondern gesellschaftlich konstruierte Normen, deren Einhaltung von jedem Individuum, entsprechend dem ihm jeweils zugeschriebenen, binär männlich oder weiblich definierten Geschlecht erwartet wird. Der interaktionstheoretische Ansatz des *Doing Gender* nimmt an, dass diese Normen durch entsprechendes Alltagshandeln von allen Mitgliedern der Gesellschaft beständig reproduziert werden, obwohl sie im Prinzip veränderbar wären.[15] Im Zusammenspiel mit weiteren, einander wechselseitig beeinflussenden Kategorien (wie Klasse, Ethnizität, Alter, sexuelle Orientierung) formen und stützen Genderrollen gesellschaftliche Hierarchien sowie Auf- und Abwertungen, die sich in vielen Bereichen des Zusammenlebens niederschlagen – auch im Kontext von bewaffneten Konflikten und Massengewalt.[16]

## Frauen in der Opferrolle

Unbestritten ist, dass Frauen seit jeher überdurchschnittlich häufig Opfer von Kriegsgewalt werden. Nichtsdestotrotz galt ihre Opferschaft bis in die 1990er-Jahre hinein als eine Art Kollateralschaden. Der Umstand, dass Frauen in bewaffneten Konflikten oft systematisch und als Teil der Kriegsstrategie angegriffen werden, wurde bis dahin weitgehend ausgeblendet.[17] Die Anerkennung der systematischen Opferschaft von Frauen ist nicht zuletzt eine Errungenschaft von Frauenrechtsaktivist:innen, die sich infolge

zum Verhältnis von Weiblichkeit und Männlichkeit siehe auch Simone de Beauvoir, *Das andere Geschlecht*. Sitte und Sexus der Frau [1951], übers. von Uli Aumüller und Grete Osterwald, Reinbek bei Hamburg 2017, S. 11 f.

14 Hagemann, »Introduction«, S. 2 f.

15 Regine Gildemeister, »Soziale Konstruktion von Geschlecht. ›Doing Gender‹«, in: Sylvia Marlene Wilz (Hg.), *Geschlechterdifferenzen – Geschlechterdifferenzierungen*. Ein Überblick über gesellschaftliche Entwicklungen und theoretische Positionen, 3. Aufl., Wiesbaden 2021, S. 171–204, hier S. 176, S. 177 f. und S. 183–187. Für eine tiefgreifendere Beschäftigung mit den Ursprüngen des Doing-Gender-Ansatzes siehe zum Beispiel Candace West / Don H. Zimmerman, »Doing Gender«, in: *Gender and Society* 1 (1987), 2, S. 125–151; online unter: https://www.gla.ac.uk/0t4/crcees/files/summerschool/readings/WestZimmerman_1987_DoingGender.pdf [4. 5. 2024]; Erving Goffman, *Wir alle spielen Theater*. Die Selbstdarstellung im Alltag [1969], übers. von Peter Weber-Schäfer, 18. Aufl., München 2019.

16 Hagemann, »Introduction«, S. 15.

17 Zur systematischen Opferschaft von Frauen in bewaffneten Konflikten siehe u. a. Jessica L. Peet / Laura Sjoberg, *Gender and Civilian Victimization in War*, London / New York 2020.

des eklatanten Ausmaßes insbesondere sexualisierter Gewalt gegen Frauen im ruandischen Genozid sowie während der Jugoslawienkriege in den 1990er-Jahren verstärkt dafür eingesetzt haben, diese Form der Gewalt international sichtbar zu machen und das dahinter stehende strategische Kalkül zu entlarven.[18]

Allerdings führt der Fokus auf weibliche Opferschaft dazu, dass alternative Rollen – insbesondere die der Täterin – häufig ausgeblendet werden. Frauen werden bei der Analyse gewaltsamer militärischer Auseinandersetzungen kaum als eigenständige Akteurinnen wahrgenommen; sie erscheinen vielmehr als passive Opfer von Gewalt, als *beautiful souls.*[19] Diese einseitige Wahrnehmung ist auch deshalb problematisch, weil sie zur Folge hat, dass an Gewalt beteiligte Frauen sowohl in Präventions- als auch in Versöhnungs- und Demobilisierungsprogrammen nicht oder nur marginal berücksichtigt werden.[20]

## Frauen als Täterinnen

Begehen Frauen Gewalttaten – sei es im Kontext eines bewaffneten Konflikts, sei es in Form von Massengewalt oder herkömmlicher Gewalt –, machen sie sich in den Augen der Öffentlichkeit doppelt schuldig (*double deviance*): Zum einen brechen sie mit der Tatbegehung geltendes Recht, zum anderen verstoßen sie mit ihrem gesetzwidrigen Verhalten gegen Gendernormen, deren Einhaltung gesellschaftlich von ihnen erwartet wird.[21] Melanie Grütter fasst dies so zusammen: »Das gesetzestreue Individuum ist das normale, der verbrecherische Mensch ist männlich und damit wird das ›verbrecherische Weib‹ zum doppelt devianten Individuum, das es zu fassen gilt.«[22] Diese Sicht auf abweichendes Verhalten von Frauen führt zu un-

18 Hagemann, »Introduction«, S. 7; Karen Engle, *The Grip of Sexual Violence in Conflict.* Feminist Interventions in International Law, Stanford, CA 2020, S. 1; für detailliertere Ausführungen siehe S. 37–40 zur wachsenden Aufmerksamkeit für sexualisierte Gewalt und S. 44–47 zu damit verbundenen Entwicklungen des Völkerstrafrechts. Obwohl Engle die oben genannten Entwicklungen kritisch sieht, stellt sie sie umfassend und erkenntnisbringend dar.

19 Hodgson, »Gender Justice or Gendered Justice?«, S. 340; Susanne Buckley-Zistel / Magdalena Zolkos, »Introduction. Gender in Transitional Justice«, in: Susanne Buckley-Zistel / Ruth Stanley (Hg.), *Gender in Transitional Justice*, Basingstoke u. a. 2012, S. 1–33, hier S. 10 f.

20 Suzannah Linton, »Women Accused of International Crimes. A Trans-Disciplinary Inquiry and Methodology«, in: *Criminal Law Forum* 27 (2016), 2, S. 159–226, hier S. 214; zur marginalen Beteiligung von Mädchen und Frauen in DDR-Programmen (Disarmament, Demobilization, Reintegration) siehe Leena Vastapuu, »How to Find the ›Hidden‹ Girl Soldier? Two Sets of Suggestions Arising from Liberia«, in: Mark A. Drumbl / Jastine C. Barrett (Hg.), *Research Handbook on Child Soldiers*, Cheltenham / Northampton, MA 2019, S. 493–511, hier S. 495–497.

21 Linton, »Women Accused«, S. 185; Melanie Grütter, *»Verworfene Frauenzimmer«*. Geschlecht als Kategorie des Wissens vor dem Strafgericht, Bielefeld 2017, S. 66; Caron E. Gentry / Laura Sjoberg, *Beyond Mothers, Monsters, Whores.* Thinking about Women's Violence in Global Politics, London 2015, S. 3.

22 Grütter, *»Verworfene Frauenzimmer«*, S. 66.

terschiedlichen Reaktionen, denen aber die Absicht gemein ist, Täterinnen von sogenannten normalen Frauen abzugrenzen. Gewalttätige Frauen werden daher oft als verrückt, böse oder gar als monströs dargestellt und wahrgenommen.[23] Durch solches Othering wird gleichzeitig postuliert, wie sich eine sogenannte normale Frau zu verhalten habe, nämlich unpolitisch, zurückgezogen und duldsam.[24] Hinzu kommt, dass gewalttätigen Frauen oftmals Handlungsautonomie sowie eigene, sie zu ihren Taten motivierende Absichten abgesprochen werden, während männlichen Tätern in der Regel eigenständiges Handeln zugestanden wird.[25] Täterinnen werden gegenüber Tätern somit in ihrer Subjekt- und Handlungsfähigkeit abgewertet.[26]

Erwähnenswert ist in diesem Zusammenhang auch die gegenderte Wahrnehmung von Frauen im Kontext völkerstrafrechtlicher Verfahren. Natalie Hodgson identifiziert in ihrem Beitrag »Gender Justice or Gendered Justice? Female Defendants in International Criminal Tribunals« mittels einer feministischen Diskursanalyse drei dominante Formen der Wahrnehmung weiblicher Angeklagter. Demnach werden diese mit als weiblich geltenden Attributen in Verbindung gebracht, um ihre Unfähigkeit zu gewalttätigem Handeln zu unterstreichen, als gewalttätige und deshalb unweibliche Frauen gezeichnet oder aber als durch und durch von Männern abhängige Geschöpfe dargestellt.[27]

Die Nichtanerkennung von weiblicher Täterschaft führt somit – ebenso wie die einseitige Fokussierung auf weibliche Opferschaft – zur Reproduktion und Festigung traditioneller Genderrollenbilder, durch die Frauen eine Fähigkeit zur Gewalt abgesprochen wird und die einer gendergerechten Gesellschaft zuwiderlaufen. Diese verzerrte Sichtweise ändert jedoch nichts an der tatsächlichen Existenz von Täterinnen – auch in makrokriminellen Kontexten.[28]

Alette Smeulers geht in ihrem Beitrag »Female Perpetrators. Ordinary or Extra-Ordinary Women?« auf die Stigmatisierung weiblicher Täterschaft vor dem Hintergrund von Massenverbrechen ein und zeigt, dass Frauen – entgegen vorherrschender Annahmen – in der Lage sind, ganz unterschiedliche Rollen zu bekleiden und alle nur denkbaren Taten zu begehen. Sie begegnen einem als Bürokratinnen, die im Rahmen ihres Berufs aktiv an verbrecherischen Systemen mitwirken, ebenso wie als Profiteurinnen, Diebinnen oder Betrügerinnen, die das System zu ihrem Vorteil nutzen.

23 Ebd.; Gentry/Sjoberg, *Beyond Mothers, Monsters, Whores,* S. 3; Kretzer, »She Who Violates«, S. 125 f.

24 Gentry/Sjoberg, *Beyond Mothers, Monsters, Whores,* S. 23.

25 Ebd., S. 21 f.; Hodgson, »Gender Justice or Gendered Justice?«, S. 342 f.

26 Gentry/Sjoberg, *Beyond Mothers, Monsters, Whores,* S. 23.

27 Hodgson, »Gender Justice or Gendered Justice?«, S. 354; in Bezug auf den Ravensbrück-Prozess siehe auch Kretzer, »She Who Violates«.

28 Einen breitgefächerten Überblick über die Beteiligung von Frauen an Massenverbrechen geben Linton, »Women Accused«, S. 164–174; sowie Smeulers, »Female Perpetrators«, S. 211–227.

Frauen treten als Wärterinnen und Folterpersonal in Erscheinung, sie morden und begehen sexualisierte Gewaltverbrechen. Und mitunter gehören sie – wiewohl seltener als Männer – auch zum politischen oder militärischen Führungspersonal und damit zu den Anstifter:innen der Gewalt.[29]

## Frauen als Bystander

Smeulers zufolge kommt Frauen am häufigsten die Rolle von Bystandern zu.[30] Bystander sind Personen, die keiner Organisationseinheit wie dem Militär, einer Miliz, dem Staatsapparat oder Ähnlichem angehören, sondern lediglich als Privatpersonen zugegen sind, während die Verbrechen begangen werden. Sie sind weder aktiv am Gewaltgeschehen beteiligt noch tragen sie dazu bei, es zu verhindern.[31] Im Kontext von Massengewalt leisten Bystander jedoch einen entscheidenden Beitrag zur Aufrechterhaltung des verbrecherischen Systems und zum Fortgang der Gewalt:[32] Aktiv beteiligte Täter:innen tendieren dazu, das ausbleibende Einschreiten Dritter als stillschweigende Zustimmung oder Duldung zu interpretieren, sodass diese durch ihre passive Präsenz erst das soziale Umfeld schaffen, in dessen Rahmen Täter:innen ihre Taten begehen und legitimieren können. Wer nicht interveniert, stimmt dem Geschehen zu oder nimmt es zumindest billigend in Kauf – und begünstigt so, auch ohne es zu wollen, das mörderische Treiben. Auf diese Weise, so die Argumentation der Kritiker:innen, wird Nichtstun zur Tat.[33] Hinzu kommt, dass Massenverbrechen gerade nicht im Verborgenen stattfinden, sondern vielfach den Charakter eines *social event* haben.[34] Bystander bilden in diesem Rahmen gewissermaßen das Publikum, dessen Anwesenheit die Täter:innen wiederum zur Fortsetzung und mitunter sogar zur Steigerung der Gewalt motiviert. Insofern spielen Bystander durchaus eine Rolle für die anschließende Zuschreibung von Verantwortung,

29 Smeulers, »Female Perpetrators«, S. 212–227.

30 Ebd., S. 211.

31 Laurel E. Fletcher, »From Indifference to Engagement. Bystanders and International Criminal Justice«, in: *Michigan Journal of International Law* 26 (2005), 4, S. 1013–1096, hier S. 1027; Alette Smeulers / Fred Grünfeld, *International Crimes and other Gross Human Rights Violations.* A Multi- and Interdisciplinary Textbook, Leiden / Boston, MA 2011, S. 332. Smeulers und Grünfeld zitieren zur Veranschaulichung des Bystandertums den Holocaust-Überlebenden Elie Wiesel, der einen Anwohner beschreibt, der hinter seiner Gardine stehend der Deportation der Jüd:innen zusieht: dies., *International Crimes,* S. 332 f.

32 Einen Überblick über die mit Massengewalt und Gruppendynamiken in Zusammenhang stehenden sozialpsychologischen Erkenntnisse bieten u. a. Fletcher/Weinstein, »Violence and Social Repair«, S. 606–615.

33 Fletcher, »From Indifference to Engagement«, S. 1026 f.; Smeulers, »Female Perpetrators«, S. 211.

34 Smeulers/Grünfeld, *International Crimes,* S. 243; die Autor:innen führen anschließend aus, welche in der Sozialpsychologie erforschten Gruppendynamiken auch im Kontext von Massengewalt relevant werden und das Verhalten der einzelnen Gruppenmitglieder beeinflussen können (ebd., S. 243–266).

weshalb sie in Überlegungen zur geeigneten Ausgestaltung von TJ-Maßnahmen einbezogen werden sollten.

Alette Smeulers und Fred Grünfeld gehen sogar so weit, die übliche Unterscheidung in Opfer, Täter:innen und Bystander infrage zu stellen. Stattdessen schlagen sie vor, lediglich zwischen Täter:innen und Kollaborateur:innen einerseits sowie Opfern und Retter:innen andererseits zu unterscheiden. Damit werden all jene, deren Untätigkeit die Täter:innen unterstützt und den Fortgang der Massengewalt begünstigt hat, faktisch zu Unterstützer:innen der Gewalt erklärt.[35] Zur Begründung verweisen sie darauf, dass vermeintliche Neutralität im Kontext von Massenverbrechen eben keine Neutralität sei, sondern Nichtstun im Angesicht der Verbrechen eher einer Kollaboration entspreche.[36] Als wichtiges Attribut der Bystander identifizieren sie deren vermeintliches Nichtwissen, das zu Gleichgültigkeit gegenüber den Opfern und zu Inaktivität gegenüber dem verbrecherischen System führe. Bystander, so die Kritik, könnten Verbrechen bewusst ignorieren und somit Nichtwissen vorschützen, um sich der moralischen Verpflichtung zum Handeln zu entziehen, was sie wiederum in die Nähe von Kollaborateur:innen rücke.[37]

Beispielhaft für weibliche Bystander stehen die Ehefrauen von SS-Mitgliedern, die durch emotionale Unterstützung und mangelnde Kritik an den Taten ihrer Ehemänner im Privaten mit dazu beitrugen, das verbrecherische nationalsozialistische System aufrechtzuerhalten und zu legitimieren.[38] Auch andere Kontexte sind in diesem Zusammenhang erwähnenswert: Dazu gehört etwa die aktuell in Deutschland geführte juristische Debatte um die strafrechtliche Verantwortung von Frauen, die sich dem sogenannten Islamischen Staat angeschlossen und vor Ort scheinbar banale Arbeiten wie die Haushaltsführung für ihre kämpfenden und mordenden Ehemänner verrichtet haben. Nach derzeitiger Ansicht des Bundesgerichtshofs reichen derartige, ausschließlich auf alltägliche Verrichtungen beschränkte Handlungen ohne Organisationsbezug jedoch nicht aus, um eine strafrechtlich relevante mitgliedschaftliche Beteiligung an einer terroristischen Vereinigung zu begründen.[39] Als Bystander können diese Frauen allerdings durchaus charakterisiert werden.

35 Ebd., S. 334.
36 Ebd., S. 354.
37 Ebd., S. 354 f.
38 Smeulers, »Female Perpetrators«, S. 211 f.
39 Bundesgerichtshof (Hg.), »Beschluss des 3. Strafsenats vom 21. 04. 2022 – AK 14/22«; online unter: https://juris.bundesgerichtshof.de/cgi-bin/rechtsprechung/document.py?Gericht=bgh&Art=pm&Datum=2023&nr=129400&linked=bes&Blank=1&file=dokument.pdf [4. 5. 2024]; ders. (Hg.), »Beschluss des 3. Strafsenats vom 21. 04. 2022 – AK 18/22«; online unter: https://juris.bundesgerichtshof.de/cgi-bin/rechtsprechung/document.py?Gericht=bgh&Art=pm&Datum=2023&nr=129403&linked=bes&Blank=1&file=dokument.pdf [4. 5. 2024]; Pressestelle des Bundesgerichtshofs (Hg.). »Pressemitteilung Nr. 61/2022. Bundesgerichtshof trifft zwei Entscheidungen zur Untersuchungshaft von sog.

## Völkerstrafrecht und Bystandertum

Auch das Völkerstrafrecht tut sich schwer, einen angemessenen Umgang mit Bystandern zu finden, da ihr Verhalten im juristischen Sinne eben nicht strafbar ist. Täter:innenschaft nach dem im Globalen Norden und im Völkerstrafrecht vorherrschenden Rechtsverständnis setzt immer voraus, dass ein Individuum ein konkretes, vorwerfbares Verhalten gezeigt hat, das nach geltender Gesetzeslage strafbar ist und bewiesen werden kann.[40] Nichtstun kann daher in aller Regel völkerstrafrechtlich nicht belangt werden.[41] Ginge es nach den Befürworter:innen der bestehenden Rechtslage, dann sollten Bystander auch zukünftig für die Völkerstrafjustiz keine Rolle spielen.

Ein anderes Argument für die Nichtberücksichtigung von Bystandern in Völkerstrafprozessen betont die Bedeutung der Differenzierung zwischen Täter:innen und Bystandern für den gesellschaftlichen Versöhnungsprozess. Die Aufrechterhaltung der Unterscheidung sei zwingend, weil sie der Bevölkerungsmehrheit Vorwürfe und Schuldzuweisungen erspare und somit ein Aufeinanderzugehen von Opfern und Täter:innen erst ermögliche.[42] Die Idee kollektiver Schuld hingegen könne die individuelle Schuld des Einzelnen schmälern und stattdessen ganze Gruppen für die in Rede stehenden Verbrechen verantwortlich machen, was es unbedingt zu vermeiden gelte.[43]

IS-Rückkehrerinnen«, 12. 5. 2022; online unter: https://juris.bundesgerichtshof.de/cgi-bin/rechtsprechung/document.py?Gericht=bgh&Art=pm&pm_nummer=0061/22 [4. 5. 2024].

40 Fletcher, »From Indifference to Engagement«, S. 1030 f.

41 Eine Ausnahme bildet die Unterlassungshaftung im Völkerstrafrecht, die jedoch die Kontrollherrschaft des Einzelnen voraussetzt. Siehe dazu Lars Christian Berster, *Die völkerstrafrechtliche Unterlassungsverantwortlichkeit*, München 2008, S. 263–268. Mit dem unter anderem im deutschen Strafrecht verankerten Tatbestand der unterlassenen Hilfeleistung gemäß § 323c (1) StGB ist die völkerstrafrechtliche Unterlassungshaftung nicht gleichzusetzen. Sie kann folglich auch nicht auf Bystander nach der hier zugrunde liegenden Definition angewendet werden. Auch das Modell der psychischen Beihilfe durch Unterlassen ist für Bystander kaum anwendbar, denn dazu wäre eine (mindestens moralische) Autoritätsstellung des:der Unterlassenden erforderlich. Siehe dazu Marielle Sabine Grimminger, *Die allgemeine Unterlassungshaftung im Völkerstrafrecht*. Eine Untersuchung von völkerstrafrechtlichen Konventionen, Urteilen und Kodifikationsbemühungen unter besonderer Berücksichtigung des Rom-Statuts, Frankfurt am Main 2009, S. 333 f. Explizit heißt es dazu bei Grimminger: »Der bloße faktische Einfluss, die Tat zu verhindern, kann jedoch nicht ausreichen, ansonsten wären einer Strafverhängung für Unterlassungen jeglicher Art Tür und Tor geöffnet.« Ebd., S. 346.

42 Fletcher/Weinstein, »Violence and Social Repair«, S. 598 f.; Christina Möller, *Völkerstrafrecht und Internationaler Strafgerichtshof – kriminologische, straftheoretische und rechtspolitische Aspekte*, Münster/Hamburg/London 2003, S. 529.

43 Möller, *Völkerstrafrecht und Internationaler Strafgerichtshof*, S. 530–532; Andreas Werkmeister, *Straftheorien im Völkerstrafrecht*, Baden-Baden 2015, S. 294 f.; Karl Jaspers, *Die Schuldfrage*, Heidelberg 1946, S. 38–40.

## Individuelle und kollektive Verantwortung



An dieser Stelle lohnt es sich, die verschiedenen Ebenen von Schuld und Verantwortung zu betrachten und mit Konzepten von Täter:innenschaft und Bystandertum in Verbindung zu bringen. Karl Jaspers ist nach dem Zweiten Weltkrieg in einer 1946 unter dem Titel *Die Schuldfrage* veröffentlichten Vorlesungsreihe der Frage nachgegangen, ob die deutsche Bevölkerung eine kollektive Verantwortung für die nationalsozialistischen Verbrechen trage. Er kam zu dem Schluss, dass zumindest auf juristischer Ebene eine solche Kollektivverantwortung nicht vorliege – getreu unserem vorherrschenden Rechtsverständnis.[44] Sehr wohl aber sah er Schuld auf moralischer, politischer und metaphysischer Ebene; diese sei aber strikt von juristischer Verantwortung und Strafbarkeit zu trennen.[45] Jaspers' Idee von juristischer Schuld entspricht dem heute im Völkerstrafrecht etablierten Verständnis von Täter:innen, das Bystander von juristischer Verantwortung ausschließt. Bystander dürfen dem zufolge nicht angeklagt und verurteilt werden, da ihnen kein individuelles strafbewährtes Verhalten vorgeworfen und nachgewiesen werden kann.

Mit seiner Umschreibung moralischer, aber nicht strafbewehrter Schuld als »Begehen der zahllosen kleinen Handlungen der Lässigkeit, der bequemen Anpassung, des billigen Rechtfertigens des Unrechten, der unmerklichen Förderung des Unrechten, die Beteiligung an der Entstehung der öffentlichen Atmosphäre, welche Unklarheit verbreitet, und die als solche das Böse erst möglich macht«,[46] legt Jaspers eine nach wie vor gültige und von der Sozialpsychologie gestützte Definition des Bystandertums vor. Sie macht deutlich, dass die sogenannte schweigende Mehrheit im Angesicht von Massenverbrechen nicht unbeteiligt ist, diese mit ihrer Untätigkeit vielmehr begünstigt, wenn nicht gar ermöglicht.

Sodann ist zu überlegen, ob das derzeitige Design des Völkerstrafrechts überhaupt geeignet ist, um Formen von Massengewalt wie Verbrechen gegen die Menschlichkeit oder Genozid in angemessener Weise zu ahnden. Es wird vorausgesetzt, dass es sich hierbei um Kollektivverbrechen handelt, die grundsätzlich darauf beruhen, dass sie von einer breiten, schweigenden Mehrheit – den Bystandern – geduldet werden. Dabei ist fraglich, ob es für die umfassende Feststellung von Schuld, die Kommunikation gesellschaftlicher Verantwortung und das Gelingen des Versöhnungsprozesses ausrei-

44 Jaspers, *Die Schuldfrage*, S. 47 f.; Fletcher, »From Indifference to Engagement«, S. 1030 f.; Fletcher/Weinstein, »Violence and Social Repair«, S. 603 f.

45 Jaspers, *Die Schuldfrage*, S. 31 f.; Fletcher, »From Indifference to Engagement«, S. 1031 f.; Mark A. Drumbl, *Atrocity, Punishment, and International Law*, Cambridge / New York 2007, S. 36.

46 Jaspers, *Die Schuldfrage*, S. 33.

chen kann, einige wenige Individuen zur Rechenschaft zu ziehen.[47] Dahinter steht die Absicht, die Bystander zu einer durch Strafprozesse gegen einige wenige vermittelten Reflexion ihres eigenen Verhaltens im Kontext der vergangenen Massengewalt zu bringen, sodass diese ihre moralische Schuld anerkennen und in einem nächsten Schritt Versöhnung anstreben.[48] Dieses Konzept scheint allerdings nicht aufzugehen.

Ganz im Gegenteil kann das Ausblenden der Bystander in (völker-)strafrechtlichen Prozessen dazu führen, dass diese sich von jedweder Verantwortung freigesprochen fühlen und der Eindruck kollektiver Unschuld entsteht.[49] Auch lässt sich beispielhaft für den ICTY empirisch nachvollziehen, dass die Prozesse gegen einzelne führende Köpfe zwar von den Bystandern wahrgenommen wurden, bei diesen allerdings statt zu innerer Schuldanerkennung eher zu Abwehrreaktionen führten, da sich die gesamte Gruppe kollektiv ungerecht behandelt fühlte und als Opfer der internationalen Strafjustiz betrachtete. Dem im Sinne von TJ angestrebten Versöhnungsprozess ist damit nicht gedient.[50] Was es braucht, ist vielmehr die gezielte Adressierung und Kommunikation von Bystander-Verantwortung, um den vermeintlich unbeteiligten Dritten ihre zumindest moralische Mitverantwortung für die Verbrechen zu vermitteln.[51]

Außerdem wird betont, dass für nachhaltige Versöhnung jedwede Beteiligungsform an der durchlebten Phase der Massengewalt benannt und sichtbar gemacht werden müsse – also auch die moralische Verantwortung der Bystander. Anderenfalls blieben zu viele Aspekte der Verbrechen unsichtbar und es könne sich eine unrichtige und einseitige Geschichtsschreibung durchsetzen, die im schlimmsten Fall weitere Gewalt in der Zukunft nach sich ziehen könnte.[52] Dabei lautet die verbreitete Ansicht, dass diese Aufgaben nicht ausschließlich durch das Völkerstrafrecht erfüllt werden könnten und sollten, sondern weitere TJ-Tools – zum Beispiel Wahrheits- und Versöhnungskommissionen – Anwendung finden müssten, um diesem Anspruch gerecht zu werden.[53]

47 Mark A. Drumbl, »Collective Violence and Individual Punishment. The Criminality of Mass Atrocity«, in: *Northwestern University Law Review* 99 (2005), 2, S. 539–610, hier S. 541–548; online unter: https://scholarlycommons.law.wlu.edu/cgi/viewcontent.cgi?referer=&httpsredir=1&article=1035&context=wlufac [4. 5. 2024]; ders., *Atrocity, Punishment, and International Law*, S. 35 f.

48 Fletcher, »From Indifference to Engagement«, S. 1029 und S. 1032 f.; Jaspers, *Die Schuldfrage*, S. 48.

49 Fletcher, »From Indifference to Engagement«, S. 1037 f.; Fletcher/Weinstein, »Violence and Social Repair«, S. 601 und S. 615.

50 Fletcher, »From Indifference to Engagement«, S. 1033 f.; Fletcher/Weinstein, »Violence and Social Repair«, S. 600 f.

51 Fletcher, »From Indifference to Engagement«, S. 1090.

52 Fletcher/Weinstein, »Violence and Social Repair«, S. 612; zur Rolle von Völkerstrafprozessen für die Geschichtsschreibung vgl. die Ausführungen im folgenden Abschnitt.

53 Ebd., S. 625; Drumbl, *Atrocity, Punishment, and International Law*, S. 205.

## Die Bedeutung des Völkerstrafrechts für Transitional Justice

Warum sollte sich das Völkerstrafrecht also überhaupt mit Formen der Schuld befassen, die über die konkrete strafrechtliche Verantwortung Einzelner hinausgehen? Würde es nicht genügen, wenn man sich auf anderer Ebene mit Bystander-Verantwortung und Fragen moralischer und kollektiver Schuld auseinandersetzte? Meines Erachtens greift eine solche Argumentation aus mehreren Gründen zu kurz.

Zunächst ist auf die synergetischen Effekte zwischen verschiedenen TJ-Instrumenten hinzuweisen. Die einzelnen Versöhnungsmaßnahmen können nicht isoliert betrachtet werden, sondern müssen immer im dynamischen Zusammenspiel sowohl mit gesellschaftlichen Entwicklungen als auch mit anderen zur Anwendung kommenden Tools gesehen werden.[54] Das hat einerseits den Vorteil, dass nicht jede Maßnahme alle Belange der individuell Betroffenen sowie der Gesamtgesellschaft bedienen muss. Andererseits liegt darin auch ein gewisses Risiko: Denn wenn die Instrumente miteinander agieren, dann könnte das Ausblenden von Bystander-Verantwortung in Strafprozessen dazu führen, dass auch Wahrheits- und Versöhnungskommissionen diesem Aspekt zu wenig Raum einräumen; oder dass Outreach-Programme[55] sich in erster Linie auf juristisch verantwortliche Täter:innen fokussieren, anstatt ein kollektives Verständnis von Verantwortung in den Blick zu nehmen.

Die Anerkennung von Schuld und Verantwortung gilt als wichtiger Faktor für gesellschaftliche Versöhnung und das zukünftige Ausbleiben von Gewaltkonflikten.[56] In diesem Zusammenhang spielen Strafprozesse eine bedeutende Rolle, da sie den Opfern von Massengewalt beziehungsweise deren Angehörigen ebenjene Anerkennung zuteilwerden lassen. Diese können sich als Subjekte des Rechtsstaates erfahren, und ihnen wird das Erlebte be-

54 Fletcher/Weinstein, »Violence and Social Repair«, S. 624–626; Ralph Henham, »International Sentencing as a Force for Achieving Peace through Justice«, in: Nicola Palmer / Philip Clark / Danielle Granville (Hg.), *Critical Perspectives in Transitional Justice*, Cambridge / Antwerpen / Portland, OR 2012, S. 169–187, hier S. 186 f.

55 Outreach-Programme sind »a set of tools and strategies that transitional justice measures intentionally put in place in order to build direct channels of communication with the societies in which they operate. Such channels of communication can include dissemination of information, promotion of an open dialogue, establishment of consultation channels with different stakeholders, and, ideally, the opening of avenues for local participation.« Clara Ramírez-Barat, »Transitional Justice and the Public Sphere«, in: dies. (Hg.), *Transitional Justice, Culture, and Society*. Beyond Outreach, New York 2014, S. 27–45, hier S. 29.

56 Alexander Hasgall, »Anerkennung von Unrecht in Transitional-Justice-Prozessen«, in: Mihr/Pickel/Pickel (Hg.), *Handbuch Transitional Justice*, S. 27–44, hier S. 28; Wendy Lambourne, »Transformative Justice, Reconciliation and Peacebuilding«, in: Susanne Buckley-Zistel / Teresa Koloma Beck / Christian Braun / Friederike Mieth (Hg.), *Transitional Justice Theories*, London / New York 2015, S. 19–39, hier S. 28.

stätigt.[57] Wahrheitskommissionen, die den Schilderungen der Opfer traditionell viel Platz einräumen, können zwar ebenfalls eine wichtige Rolle im Anerkennungsprozess einnehmen und auch zur Wahrheitsfindung beitragen, jedoch »können rein symbolische Handlungen, die keine materielle Dimension oder Auswirkung auf die reale Welt haben, leicht als sinn- und wirkungslos wahrgenommen werden«.[58] Die fehlende Verurteilung der Täter:innen im Rahmen von Wahrheits- und Versöhnungskommissionen könnte daher aufseiten der Opfer oder ihrer Angehörigen zu einem Gefühl mangelnder Anerkennung führen, mit der Folge, dass die betreffenden Einrichtungen als »Justiz zweiter Klasse«[59] empfunden werden. Eine Berücksichtigung von Bystandern nicht nur im Rahmen von Wahrheits- und Versöhnungskommissionen, sondern auch im Zuge von Strafprozessen wäre im Sinne der Anerkennung der Opfer und des an ihnen begangenen Unrechts somit aus meiner Sicht unbedingt erstrebenswert.

Für eine starke Rolle des Völkerstrafrechts in TJ-Prozessen spricht auch, dass juristische Konsequenzen nicht selten von den Opfern der begangenen Verbrechen oder von deren Angehörigen selbst gefordert werden. So hat die Friedens- und Konfliktforscherin Wendy Lambourne im Rahmen ihrer Feldforschung in Kambodscha, Ruanda und Timor-Leste in Interviews mit Betroffenen festgestellt, dass diese neben restaurativen TJ-Elementen dezidiert retributive Gerechtigkeit einfordern und sich umfassende Strafprozesse zur Aufarbeitung des Erlebten wünschen:[60] »A truth commission that fails to pursue promised prosecutions, as in East Timor, can promote restorative justice but does not deal with survivors' needs for retributive justice.«[61]

Völkerstrafrechtliche Prozesse können und sollen außerdem Wahrheit im Sinne von historischem Wissen[62] konsolidieren und transportieren, sodass sich ein einheitliches Narrativ der erlebten Massengewalt zu etablieren vermag.[63] Aufgrund der derzeit bestehenden prozessökonomischen Einschränkungen sowie des engen Fokus völkerstrafrechtlicher Gerichtsprozesse auf eine kleine Auswahl von Aspekten des Geschehens – nämlich solche,

57 Hasgall, »Anerkennung von Unrecht«, S. 32 f.

58 Ebd., S. 33; anzumerken ist an dieser Stelle, dass auch strafrechtliche Verurteilungen grundsätzlich symbolische Handlungen darstellen. Indem den Täter:innen durch die Strafe eine ernst zu nehmende Konsequenz auferlegt wird, handelt es sich im Verhältnis zu Wahrheitskommissionen dennoch um eine konkretere Maßnahme.

59 Ebd.

60 Lambourne, »Transformative Justice«, S. 24 f.

61 Ebd., S. 25.

62 Wendy Lambourne nutzt anstelle des Terminus *truth* (Wahrheit) den Begriff *knowledge* (Wissen), um den *historical record* (Geschichtsschreibung, einheitliches Verständnis der historischen Fakten) zu beschreiben. Neben konkreten Fakten kann dieses Wissen auch von unterschiedlichen Akteuren verschieden wahrgenommene Wahrheiten enthalten. Vgl. ebd., S. 26.

63 Drumbl, »Collective Violence«, S. 592 f.; ders., *Atrocity, Punishment, and International Law*, S. 174 f.

die für die konkrete Anklage relevant und den Angeklagten nachweisbar sind –, gelangen allerdings immer nur begrenzte Ausschnitte der Wahrheit ans Licht und in das allgemeine Geschichtsbewusstsein. Zahlreiche andere Aspekte, die ebenso zur Geschichte und zum Erleben der Massengewalt gehören, bleiben so außen vor oder dem Blick der Justiz gänzlich entzogen.[64] Wie die Völkerstrafrechtspraxis ihren Fokus weiten, Bystander-Verantwortung adressieren und so ein umfassenderes Bild des historischen Geschehens zeichnen kann, wird noch zu diskutieren sein.

Schließlich spricht für die Integration von Bystandern in völkerstrafrechtliche Prozesse, dass das Völkerstrafrecht spätestens seit den frühen 2000er-Jahren einen wichtigen – um nicht zu sagen: den wichtigsten – Platz unter den TJ-Tools einnimmt,[65] auch wenn es hieran berechtigte Kritik gibt.[66] Die Aufmerksamkeit der Weltgemeinschaft und der internationalen Politik richtet sich oft in erster Linie auf Strafprozesse. Auch internationale Geldgeber legen neben der Einführung demokratischer Strukturen in der Regel großen Wert auf die Etablierung von Rechtsstaatlichkeit.[67] Völkerstrafprozesse genießen eine hohe Sichtbarkeit, weshalb die an ihnen Beteiligten großen Einfluss darauf haben, welches Bild von der Vergangenheit gezeichnet und wessen Verantwortung benannt wird.

## Die Kommunikationsfunktion des Völkerstrafrechts

Die hier von mir entfaltete Sicht auf das Bystander-Problem setzt voraus, dass die Kommunikationsfunktion des (Völker-)Strafrechts anerkannt wird. Ebendiese Funktion scheint die Völkerstrafrechtspraxis jedoch oft auszublenden. Jedenfalls wird ihr ein (zu) einseitiger Fokus auf die der Vergeltung dienende Bestrafung aktueller sowie die Abschreckung potenzieller Täter:innen bescheinigt.[68] Neben dem öffentlich verkündeten Urteil am Ende des Strafverfahrens wird dabei auch dem Prozess selbst eine kommunikative Funktion zugesprochen. Wie Henning de Vries herausstellt, entwickelt sich bereits im Laufe des Aufarbeitungsprozesses eine gemeinsame Erzählung des Konfliktgeschehens, die schließlich am Ende eine Form erhält,

64 Drumbl, »Collective Violence«, S. 593 f.; Werkmeister, *Straftheorien*, S. 288 f.

65 Fletcher/Weinstein, »Violence and Social Repair«, S. 582; Mihr/Pickel/Pickel, »Einführung«, S. 13; Margaret Urban Walker, »Restorative Justice and the Challenge of Perpetrator Accountability«, in: Susanne C. Knittel / Zachary J. Goldberg (Hg.), *The Routledge International Handbook of Perpetrator Studies*, London / New York 2020, S. 254–264, hier S. 256.

66 Vgl. u. a. Lambourne, »Transformative Justice«; Urban Walker, »Restorative Justice«.

67 Susanne Buckley-Zistel / Teresa Koloma Beck / Christian Braun / Friederike Mieth, »Transitional Justice Theories. An Introduction«, in: dies. (Hg.), *Transitional Justice Theories*, S. 1–16, hier S. 5.

68 Drumbl, *Atrocity, Punishment, and International Law*, S. 60 f.; ders., »Collective Violence«, S. 559–561; Henham, »International Sentencing«, S. 172 f.

sei es die eines Urteils im Strafverfahren oder die eines Abschlussberichts einer Wahrheitskommission.[69]

Grundlegend für expressive Theorien der Strafe ist die Vorstellung, dass Recht gesellschaftliche Normen ausdrücken, verändern oder gar schaffen kann, indem es diese durch die Sanktionierung von Normbrüchen, also Strafe, bestätigt, verändert oder konstituiert.[70] Expressive Straftheorien sind mithin kommunikationsorientiert: »Strafe soll kommunikativ eine Bestätigung der Normenordnung zum Ausdruck bringen, den Täter symbolisch tadeln, den Opfern Anerkennung kommunizieren bzw. ein historisches Narrativ erzählen.«[71] Was und mit wem vorrangig kommuniziert wird, kann unterschiedlich beurteilt werden.

Der Strafrechtler Andreas Werkmeister hat sich mit Straftheorien im Völkerstrafrecht auseinandergesetzt und hebt zunächst die normbezogene expressive Straftheorie hervor, die das Festhalten der Weltgesellschaft an einer gemeinsamen, durch die Völkerstraftat verletzten Norm transportiert.[72]

Zudem behandelt er die täterbezogene expressive Straftheorie, der insbesondere der Bußegedanke Antony Duffs zugrunde liegt. Dem zufolge soll Strafe die Täter:innen zu innerer Umkehr und dem Wunsch nach Versöhnung mit den Opfern bewegen. Werkmeister sieht dieses Konzept kritisch; unter anderem deshalb, weil er es nicht für die Aufgabe der Weltgemeinschaft hält, auf das moralische Empfinden Einzelner einzuwirken.[73] Allerdings entspricht gerade diese Ansicht der von Jaspers und anderen vertretenen Vorstellung, dass die innere Einsicht und Umkehr – und somit das moralische Empfinden – nicht nur der Verurteilten, sondern auch der Bystander ein wichtiger Effekt des Strafprozesses sei.[74]

Opferbezogene expressive Straftheorien setzen demgegenüber etwas andere Akzente. Ihnen zufolge soll die Strafe neben gesellschaftlicher Missbilligung der Tat vor allem Solidarität mit den Opfern bekunden und auf diese Weise dazu beitragen, deren Selbstachtung sowie ihr Vertrauen in den Fortbestand der verletzten Norm wiederherzustellen.[75] Letzteres ist ihnen zufolge deshalb besonders wichtig, da die Opfer oder deren Angehörige »vom Staat, der als Schutzgarant ihrer Menschenwürde fungieren soll, verlassen wurden, sie also zur Rekonstruktion ihrer Sozialbezüge auf die solidarische Kommunikation der Weltöffentlichkeit in besonderem Maße angewiesen

69 Henning de Vries, »Die Kontingenz im Aufarbeitungsprozess innerstaatlicher Gewaltkonflikte. Das Beispiel Ruanda«, in: Nina Leonhard / Oliver Dimbath (Hg.), *Gewaltgedächtnisse*. Analysen zur Präsenz vergangener Gewalt, Wiesbaden 2021, S. 151–175, hier S. 158–160.

70 Drumbl, »Collective Violence«, S. 592.

71 Werkmeister, *Straftheorien*, S. 272.

72 Ebd., S. 277–279.

73 Ebd., S. 303–307 und S. 315 f.

74 Siehe hierzu den Abschnitt »Individuelle und kollektive Verantwortung«.

75 Werkmeister, *Straftheorien*, S. 324–327.

sind«.[76] Dieser Aspekt ist in gleicher Weise anschlussfähig an das Bedürfnis der Opfer von Massengewalt nach (juristischer) Anerkennung wie an ihren empirisch nachvollziehbaren Wunsch nach retributiver Gerechtigkeit im Rahmen von Strafprozessen.[77]

Schließlich diskutiert Werkmeister auch die der internationalen Strafjustiz oftmals zugeschriebene und vorstehend bereits angesprochene Funktion der Kommunikation historischer Wahrheit. Er sieht darin gerade keine originäre Aufgabe von Völkerstrafprozessen und begründet dies mit ihrem Fokus auf individuelle Täter:innen, den damit verbundenen rechtsstaatlichen Prinzipien sowie prozessökonomischen Bedingungen. Ihm zufolge sind Strafprozesse lediglich in der Lage, eine individuell aus dem konkreten Prozess hervorgegangene Wahrheit abzubilden.[78] Aus diesem Grund könnten internationale Richter:innen keine allgemeinen Erkenntnisse zu Geschichtsschreibung und kollektiver Erinnerung beitragen. Wer das dennoch von ihnen erwarte, überfordere sie nicht nur, sondern missverstehe auch ihre Aufgabe.[79]

Diese tendenziell ablehnende Beurteilung der Möglichkeit von Völkerstrafprozessen, historische Wahrheit beziehungsweise Wissen über die Verbrechenskontexte offenzulegen und zu kommunizieren, sollte meines Erachtens kritisch hinterfragt werden, stellen die Prozesse doch einen für den Umgang mit Bystander-Verantwortung besonders vielversprechenden Ansatz dar. Denkbar wären an den Gerichten angesiedelte Rechercheprojekte zu den Gewaltkontexten, die über die engen Grenzen konkreter Prozesse und Straftatbestände sowie die ebenfalls an diese Grenzen gebundene Befragung von sachverständigen Zeug:innen hinausgehende Untersuchungen durchführen. Das in diesen Zusammenhängen generierte Wissen könnte nicht nur der Prozessführung selbst zugutekommen, sondern auch in Urteilsbegründungen einfließen und anderweitig verbreitet werden, um das kollektive Gedächtnis der Gesellschaft zu formen und zu einem gemeinsamen Narrativ beizutragen.[80]

Auf diese Weise könnte die bis heute weitgehend vernachlässigte Rolle von Bystandern durch die Völkerstrafjustiz besser in den Blick genommen und die Frage ihrer Verantwortung thematisiert werden, ohne die betreffen-

76 Ebd., S. 338.

77 Siehe hierzu den Abschnitt »Die Bedeutung des Völkerstrafrechts für Transitional Justice«.

78 Werkmeister, *Straftheorien*, S. 286–289.

79 Fletcher, »From Indifference to Engagement«, S. 1035 f.

80 Fletcher führt aus, wie eine Integration der Bystander-Verantwortung in Völkerstrafprozesse realisiert werden könnte. Sie nennt unter anderem Urteilsbegründungen, Jahresberichte der Gerichtshöfe und Tribunale sowie Outreach-Programme. Hier könnte, so ihr Vorschlag, die Rolle von Bystandern thematisiert werden und sowohl ihre Verantwortung im Verbrechenskontext als auch ihr Leiden unter den allgemeinen Umständen des gewaltvollen Konfliktes anerkannt werden. Vgl. Fletcher, »From Indifference to Engagement«, S. 1082–1085 und S. 1090 f.

den Personen formell anklagen zu müssen. Die Wahrheitsfindung könnte losgelöst von ihrer Funktion im juristischen Strafprozess erfolgen und Bystander inkludieren, ohne grundlegende Prinzipien der Rechtsstaatlichkeit zu unterwandern. Die Völkerstrafrechtspraxis sollte sich ihrer Verantwortung für die Bildung eines *historical record* bewusst werden und Maßnahmen in Betracht ziehen, die die umfassende Ergründung der historischen Wahrheit über die nur auf den konkreten Prozess beschränkten Fakten hinaus ermöglicht.

Im Folgenden möchte ich nun diskutieren, welchen Einfluss TJ, Völkerstrafrecht und die Sichtbarkeit von Bystander-Verantwortung auf die Geschlechterverhältnisse der betroffenen Gesellschaften nehmen können.

## Zur Neuverhandlung des Geschlechterverhältnisses durch Transitional Justice und Völkerstrafrecht

TJ möchte gesellschaftliche Versöhnung sowie ein friedliches Zusammenleben der Gesellschaft fördern. Dazu sollte gemäß einem kritisch-feministischen TJ-Verständnis auch die Beeinflussung der Genderverhältnisse in den betroffenen Gesellschaften gehören. Von TJ wird in diesem Zusammenhang gefordert, grundsätzlich emanzipatorisch zu wirken.[81]

Dass allerdings gerade die Wiederherstellung der gewohnten Geschlechterordnung in Nachkriegskontexten zentral zu sein scheint, zeigt Karen Hagemann in ihrem Aufsatz »Gender, Demobilization, and the Reordering of Societies after the First and Second World Wars« anhand einer historischen Perspektive auf die beiden Weltkriege. Sie führt aus, dass quasi alle in die Weltkriege involvierten Staaten nach dem Ende der Kriege gezielt politische Maßnahmen ergriffen, um den Status quo ante des Geschlechterverhältnisses wiederherzustellen, der Frauen als Hausfrauen im Privaten und Männer als Ernährer im Beruf und in der Öffentlichkeit verortete.[82] Davon erhoffte man sich nach den Kriegswirren, die auch mit einer temporären Verschiebung der Geschlechterrollen einhergingen, einen wichtigen Beitrag zur gewohnten gesellschaftlichen Ordnung: »[S]tudies have demonstrated

81 Buckley-Zistel/Zolkos, »Introduction«, S. 2; Buckley-Zistel / Koloma Beck / Braun / Mieth, »Transitional Justice Theories«, S. 7; Christine Bell / Catherine O'Rourke, »Does Feminism Need a Theory of Transitional Justice? An Introductory Essay«, in: *The International Journal of Transitional Justice* 1 (2007), 1, S. 23–44, hier S. 42–44; online unter: https://doi.org/10.1093/ijtj/ijm002 [4. 5. 2024]; Tanja Hitzel-Cassagnes / Franziska Martinsen, »Ambivalenzen eines geschlechtergerechten Völkerstrafrechts«, in: *Kritische Justiz* 47 (2014), 1, S. 26–45, hier S. 26 f.

82 Karen Hagemann, »Gender, Demobilization, and the Reordering of Societies after the First and Second World Wars«, in: dies./Dudink/Rose (Hg.), *The Oxford Handbook*, S. 585–610, hier S. 587; Elshtain führt zudem aus, dass die Rückkehr ins Häusliche durchaus der Wunsch vieler Frauen gewesen sei, sodass diese zu ihrem Status als Hausfrau und Mutter aktiv beigetragen hätten. Vgl. Elshtain, *Women and War*, S. 7.

that in all countries affected by war one major aim of postwar demobilization was the reconstruction of the prewar social order by ›regendering‹ the society to give the population, especially the returning soldiers, a feeling of ›normality‹.«[83] Beispielhaft wird angeführt, dass das Pensionssystem oftmals so gestaltet wurde, dass kriegsversehrte Veteranen eine Pension erhielten, die es ihnen ermöglichte, auch weiterhin ihre Familie zu ernähren, während die Pension für Kriegswitwen so gering ausfiel, dass ihnen selbiges nicht möglich war. In den USA seien diese Frauen dazu aufgerufen worden, alternativ ihre Familie um Unterstützung zu bitten.[84] Doch auch die Erwartungshaltung gegenüber heimgekehrten Soldaten war eindeutig: Sie sollten möglichst schnell wieder als Familienernährer funktionieren, was die Männer unter Druck setzen konnte; insbesondere dann, wenn diese Erwartung aufgrund von Kriegsverletzungen schwer zu erfüllen war.[85] Letzteres ist zugleich ein anschauliches Beispiel dafür, dass traditionelle Genderrollenbilder auch für Männer negative Effekte haben können.

Neben wirtschafts- und kulturpolitischen Maßnahmen können auch Gerichtsprozesse dazu beitragen, Genderrollen in Nachkriegsgesellschaften zu prägen. In diesem Zusammenhang sei an die hier postulierte Kommunikationsfunktion des Völkerstrafrechts erinnert:[86] Sofern man annimmt, dass Gerichtsprozesse und -urteile historische Wahrheit und eine einheitliche Erzählung von der Gewaltvergangenheit hervorbringen und das kollektive Gedächtnis der Gesellschaft prägen, ist davon auszugehen, dass eine solche Erzählung auch Geschlechterrollen nicht unberührt lässt. Sofern Täter:innenschaft dabei einseitig männlich und Opferschaft ausschließlich weiblich konnotiert wird, kann eine derartige Erzählung ebenfalls zur Reproduktion traditioneller Geschlechterrollen beitragen. In Anbetracht der überwältigenden Mehrheit männlicher Angeklagter vor internationalen Strafgerichten, der Ignoranz der Völkerstrafjustiz gegenüber Bystandern als der am verbreitetsten Rolle von Frauen in Massenverbrechen, des Fokus auf weibliche Opferschaft insbesondere im Kontext sexualisierter Gewalt sowie der gegenderten Wahrnehmung von Frauen vor internationalen Gerichten scheint die Sorge vor einem solchen Nebeneffekt keineswegs unbegründet.[87]

Der Umstand, dass Völkerstrafprozesse Frauen jenseits der Opferrolle weitgehend ausblenden, bringt aber noch weitere Probleme mit sich. Zum einen kann so der Eindruck entstehen, Täterinnen und weibliche Bystander hätten keine Verantwortung für die Verbrechen und das gesellschaftliche Klima, in dem diese begangen wurden. Dieser Annahme liegt die Beobach-

83 Hagemann, »Gender, Demobilization«, S. 587.

84 Ebd., S. 591.

85 Ebd., S. 599 f.

86 Siehe hierzu den Abschnitt »Die Kommunikationsfunktion des Völkerstrafrechts«.

87 Siehe hierzu die Ausführungen in der »Einleitung« und im Abschnitt »Frauen und Massenverbrechen«.

tung zugrunde, dass Bystandern die Distanzierung von den begangenen Taten umso leichter fällt, je größer die soziale Differenz zwischen ihnen und den Angeklagten ist.[88] Die Annahme scheint plausibel, dass auch eine unterschiedliche Genderzugehörigkeit soziale Differenz schafft. In Ermangelung weiblicher Angeklagter sollte es weiblichen Bystandern daher besonders leichtfallen, sich von ihrer Verantwortung loszusagen; insbesondere dann, wenn sie nicht explizit angesprochen werden. Auch die Charakterisierung von Gewalt als ausschließlich männliche Domäne kann dazu beitragen, dass Frauen sich ihrer Verantwortung für Konflikt und Massengewalt leichter entziehen können.

Zum anderen werden durch die einseitige Festlegung auf die Rolle von Frauen als Opfer des Konfliktgeschehens, das Ausblenden von Täterinnen und das Othering weiblicher Täterschaft, wo sie sichtbar wird, traditionelle, binäre und Frauen marginalisierende Genderrollenbilder reproduziert:[89] Geht man davon aus, dass gerichtliche Dokumente wie Urteilsbegründungen oder Prozessprotokolle einen Beitrag zum *historical record* leisten, bedeutet dies, dass auch die hier transportierten Geschlechterrollen in das gemeinsame Erinnern eingehen und in die Zukunft wirken. Wird Frauen im Konfliktkontext eigene Entscheidungs- und Handlungsmacht per se abgesprochen, kann dies dazu führen, dass sie in der Post-Conflict-Phase wieder als das vermeintlich schwache Geschlecht verstanden werden und eine Frauen benachteiligende Geschlechterhierarchie aufrechterhalten wird.

Gleichzeitig bietet die Berücksichtigung der Kommunikationsfunktion des Völkerstrafrechts auch Chancen, kann doch ein wichtiger Schritt hin zur Wahrnehmung von Frauen als autonome Akteurinnen darin bestehen, sie als Täterinnen von Massenverbrechen zu berücksichtigen.[90] Wenn also in der Völkerstrafrechtspraxis die Mitverantwortung von Frauen für Kollektivverbrechen zukünftig stärker in den Blick genommen und binär gegenderte Sichtweisen auf ihre Beteiligung an Gewalt – auch vor Gericht – abgelehnt würden, könnte dies zu mehr Gendergerechtigkeit beitragen: »[W]hen stereotypical, patriarchal reasoning is resisted, […] legal discourses gain the potential to emphasise women's agency. These representations of women challenge existing stereotypes of women's role in conflict, and thus have the potential to contribute to gender justice.«[91] Auch könnten Frauen ihre Mitverantwortung besser reflektieren und idealerweise die Notwendigkeit für Entschuldigungen und gegebenenfalls auch für Wiedergutmachun-

88 Fletcher, »From Indifference to Engagement«, S. 1048.

89 Hodgson, »Gender Justice or Gendered Justice?«, S. 354.

90 Jasenka Ferizović, »The Case of Female Perpetrators of International Crimes. Exploratory Insights and New Research Directions«, in: *The European Journal of International Law* 31 (2020), 2, S. 455–488, hier S. 487.

91 Hodgson, »Gender Justice or Gendered Justice?«, S. 354.

gen akzeptieren, was wiederum der Versöhnung und dem zukünftigen Zusammenleben der Gesellschaft entgegenkäme.

## Plädoyer für eine Ausweitung des Verantwortungsbegriffs und die Inklusion von Bystandern in völkerstrafrechtlichen Prozessen

In meinem Beitrag habe ich zwei miteinander verknüpfte Grenzverschiebungen diskutiert: zum einen die Verschiebung der (völker-)strafrechtlichen Definition von Täter:innenschaft hin zu einer Integration kollektiver Formen der Verantwortlichkeit, und zum anderen die Verschiebung von Geschlechtergrenzen mit dem Ziel, durch TJ auf eine gendergerechtere Gesellschaft hinzuwirken.

Eingangs habe ich daran erinnert, dass Frauen im Kontext von Massengewalt zwar jedwede Form von Verbrechen begehen, stereotype Wahrnehmungen sie aber in der Regel in der Opferrolle sehen, von Täter:innenschaft ausschließen oder ein Othering ihrer Täterinnenrolle unterstützen, was in der Folge tradierte Genderstereotype reproduziert. Auch habe ich darauf hingewiesen, dass Frauen vorrangig in der Rolle von Bystandern zu finden sind. Sodann habe ich die zentrale Bedeutung des Bystandertums für Kollektivverbrechen erörtert und diskutiert, ob das Völkerstrafrecht vor diesem Hintergrund seine Zuständigkeit von eng definierter, individueller Täter:innenschaft auf ein breiteres Verständnis von Verantwortung ausweiten sollte. Dafür sprechen aus meiner Sicht vor allem die hohe Sichtbarkeit dieses TJ-Tools sowie seine damit verbundene Kommunikationsfunktion. Schließlich bin ich der Frage nachgegangen, inwiefern TJ, und hier insbesondere das Völkerstrafrecht, Einfluss auf die Neuverhandlung des Geschlechterverhältnisses in der Post-Conflict-Phase nehmen und tradierte binäre Genderrollen verschieben könnte.

Weil das Völkerstrafrecht für Transitionsprozesse eine wichtige Rolle spielt und in Symbiose mit anderen TJ-Tools gedacht werden muss, sollte es Bystander und die der Makrokriminalität eigenen, kollektiven Zusammenhänge nicht zugunsten eines exklusiv auf individuelle Strafzumessung ausgerichteten Paradigmas ausblenden, wenn es seiner Aufgabe, gesellschaftliche Versöhnung zu ermöglichen, gerecht werden soll. Ziel ist es nicht, durch die Zuschreibung einer Kollektivschuld individuelle Taten zu marginalisieren oder Prozesse jenseits von Rechtsstaatsprinzipien zu führen.[92] Jedoch scheint es für das ganzheitliche Verständnis der Verbrechenszusammenhänge über die Beurteilung individueller Verantwortlichkeit hinaus sinnvoll, wenn das Völkerstrafrecht über den sprichwörtlichen Tellerrand

92 Siehe hierzu auch Drumbl, *Atrocity, Punishment, and International Law*, S. 37.

blickt, sich sozialpsychologischen Erkenntnissen zum Thema Massenverbrechen öffnet und daraus Konsequenzen für die eigene Praxis zieht.

Solche Konsequenzen können und sollen nicht darin liegen, sämtliche Bystander strafrechtlich zur Verantwortung zu ziehen und zu verurteilen – das wäre weder im Sinne der Versöhnung noch der Rechtsstaatlichkeit. Die Berücksichtigung des makrokriminellen Kontextes sowie der mindestens moralischen Verantwortung der Bystander und die Kommunikation dieser Verantwortung – nicht zwingend durch Strafe, sondern durch Erwähnung in den Verhandlungen, Urteilsbegründungen und im Rahmen der Outreach-Arbeit – sollten von der Völkerstrafjustiz jedoch weiterverfolgt werden, um dem Bedürfnis nach Anerkennung der Opfer besser gerecht zu werden. Weil Völkerstrafprozessen ein hohes Maß an Aufmerksamkeit zukommt, sollte klar kommuniziert werden, dass die Verurteilung einiger weniger Individuen nicht gleichbedeutend ist mit dem Freispruch der gesamten Restbevölkerung. Anderenfalls steht zu befürchten, dass sich allzu große Bevölkerungsteile von jeder Schuld und Verantwortung reinwaschen und der mittel- und langfristig von der Zivilgesellschaft zu leistende Aufarbeitungsprozess erschwert wird.

Weil insbesondere Frauen die Bystander-Rolle einnehmen, lohnt sich die Inklusion kollektiver Verantwortungskonzepte in zweierlei Hinsicht: Zum einen kann die Selbstreflexion aller Bürger:innen angeregt werden, was eine zukünftige Wiederholung von Massenverbrechen verhindern helfen kann; zum anderen ist anzunehmen, dass die justizielle Sichtbarkeit weiblicher Beiträge zum Konfliktgeschehen die Grenzen traditioneller Genderrollenbilder verschieben und die Chancen für eine Neuverhandlung der Geschlechterverhältnisse erhöhen kann. Um also das emanzipatorische Potenzial der Post-Conflict-Phase zu nutzen, sollten Frauen als Täterinnen und vor allem als Bystander stärker als bisher berücksichtigt werden.

Abschließend ist festzuhalten: Wenn Völkerstrafprozesse der Versöhnung dienen und zu mehr Gendergerechtigkeit beitragen sollen, sollte sich die internationale Strafjustiz der Grenzverschiebung ihrer Zuständigkeit hin zu einem holistischen Verständnis ihrer Aufgaben und Wirkungen öffnen und Optionen diskutieren, wie sie diesen Zielen in Zukunft besser gerecht werden kann. Mein Beitrag versteht sich vor diesem Hintergrund als Plädoyer für eine Ausweitung des Verantwortungsbegriffs und die Inklusion von Bystandern in völkerstrafrechtliche Prozesse.

*Linn-Sophie Löber ist wissenschaftliche Mitarbeiterin am Internationalen Forschungs- und Dokumentationszentrum Kriegsverbrecherprozesse der Philipps-Universität Marburg.*
*linn-sophie.loeber@uni-marburg.de*

*Henning de Vries*

# Die liberale Weltordnung in der Krise?

## Das Völkerrecht zwischen Verbindlichkeit und Widersprüchlichkeit

Die liberale oder auch regelbasierte Weltordnung steht derzeit auf dem Prüfstand. Spätestens seit dem 24. Februar 2022 – dem Beginn des russischen Angriffskriegs gegen die Ukraine – gibt es offensichtlich keinen Konsens mehr über diese Weltordnung. Bereits die Grenzschließungen in der Corona-Pandemie machten das einseitige, auf ihrer Souveränität beharrende Verhalten der Staaten sichtbar. Der globale Rechtsruck, der sich nicht zuletzt in der Devise *America First* der Trump-Administration zeigte, wirkt sich auf die Wahrnehmung der liberalen Weltordnung aus. Gleichzeitig haben die Interventionen des Westens beziehungsweise der NATO in Mali und Afghanistan wie auch der Krieg gegen den Irak Zweifel an der allgemeinen Gültigkeit der regelbasierten Ordnung sowie ihrem Erfolg genährt. Schließlich verstärkt der im Jahr 2023 wieder aufflammende Konflikt im Nahen Osten den Eindruck, dass es um die Stabilität der Weltordnung nicht gut bestellt ist. In der Politikwissenschaft bekommt die Schule des Realismus Aufwind, die die liberale Weltordnung kritisiert und die Bedeutung von Macht anstelle des Rechts betont.[1] Demokratietheoretische Ansätze in Anlehnung an Jürgen Habermas bemängeln die fehlende demokratische Legitimation der regelbasierten Ordnung.[2] Wie verbindlich ist die liberale Weltordnung angesichts der vielen Konflikte und Widersprüche noch?

1 Tim Geiger, »Die europäische Friedensordnung von 1990 und ihr Niedergang«, in: Martin Rink / Clemens Haug / Helmut R. Hammerich (Hg.), *Ukraine und Ostmitteleuropa.* Wegweiser zur Geschichte, Paderborn 2023, S. 142–157; Carlo Masala, *Weltunordnung.* Die globalen Krisen und die Illusionen des Westens, München 2022; Henning de Vries, »Niedergang der internationalen Rechts- und Friedensordnung? Der russische Angriffskrieg gegen die Ukraine«, in: *Zentrum für Militärgeschichte und Sozialwissenschaften der Bundeswehr*, 7. 4. 2022; online unter: https://doi.org/10.48727/opus4-580 [27. 10. 2023]; Tanja Börzel / Michael Zürn, »Contestations of the Liberal International Order. From Liberal Multilateralism to Postnational Liberalism«, in: *International Organization* 75 (2021), 2, S. 282–305; Aaron McKeil, »The Limits of Realism after Liberal Hegemony«, in: *Journal of Global Security Studies* 7 (2021), 1, S. 1–11; John J. Mearsheimer, »Bound to Fail. The Rise and Fall of the Liberal International Order«, in: *International Security* 43 (2019), 4, S. 7–50; Charles L. Glaser, »A Flawed Framework. Why the International Liberal Order Concept Is Misguided«, in: *International Security* 43 (2019), 4, S. 51–87.

2 Armin von Bogdandy / Ingo Venzke, »In Whose Name? An Investigation of International Courts' Public Authority and Its Democratic Justification«, in: *European Journal of International Law* 23 (2012), 1, S. 7–41; Nicole Deitelhoff, »Fairness oder Demokratie? Zu den Chancen deliberativer Verfahren im internationalen Regieren«, in: Hauke Brunkhorst (Hg.), *Demokratie in der Weltgesellschaft*, Baden-Baden 2009, S. 303–322; Dominic Raab / Hans Bevers, »The International Criminal Court and the Separation of Powers«, in: *International Organizations Law Review* 3 (2006), 1, S. 93–135.

Die liberale Weltordnung ist ein schwer umzusetzendes Konzept, weil die internationale Politik nicht in der Lage zu sein scheint, global verbindliche Entscheidungen zu treffen und damit Lösungen zu finden. Während die Beobachtung der Widersprüche und Konflikte Ratlosigkeit darüber hervorruft, wie diese gelöst werden können, dreht sich die Welt weiter – ein unentschiedener politischer Konflikt friert soziale Prozesse nicht ein.[3] Die soziale Wirklichkeit ist weiterhin regelgeleitet, wird allerdings durch Widersprüche und Konflikte herausgefordert. Der vorliegende Beitrag geht, angesichts der vorgestellten Schwierigkeiten, davon aus, dass Widerspruch und Konflikt aufgrund der Verbindlichkeit der regelbasierten Ordnung möglich und aushaltbar sind. Er zeigt die strukturierte Kontingenz der Weltordnung auf und differenziert zwischen einer liberalen Deutung und einer soziologischen Analyse der Regelgeleitetheit der Weltordnung. Mein Argumentationsziel verfolge ich auf Grundlage eines rechtssoziologischen Ansatzes, der globale Ordnungs- und Strukturbildung anhand der Entwicklung des Völkerrechts beschreibt. Dementsprechend begreife ich das die regelbasierte Weltordnung verkörpernde Völkerrecht als globale Rechtsordnung.[4]

Die Argumentation unterscheidet zwei analytisch getrennte Ebenen: zum einen die Konstruktionsweise der globalen Rechtsordnung, zum anderen die völkerstrafrechtlichen Situationen in Kenia und Syrien. Auf der Ebene der globalen Rechtsordnung geht es darum, deren Verselbstständigung und damit Prozesse globaler Ordnungs- und Strukturbildung aus den Perspektiven der Internationalen Beziehungen und der Rechtswissenschaft zu thematisieren sowie Widersprüche in ihrer Konstruktion aufzuzeigen. Anschließend stelle ich das Konzept der Verbindlichkeit als kommunikativer Selbstbindung vor, um anhand der völkerstrafrechtlichen Situationen in Kenia und Syrien zu zeigen, dass die Widersprüche in der globalen Rechtsordnung auf dieser Verbindlichkeit des Rechts beruhen. Dies leitet über zu Schlussfolgerungen hinsichtlich der vermeintlichen Krise der liberalen Weltordnung, für die beide analytischen Ebenen zusammengeführt werden. Zwar kann die regelbasierte Weltordnung ihr Versprechen, Frieden und Sicherheit zu gewährleisten, nicht einhalten, aber sie ist in der Lage, mittels einer globalen Rechtsordnung bestandsfähige Strukturen für den Umgang mit globalen Krisen zu entwickeln.

3 Niklas Luhmann, *Soziale Systeme*. Grundriß einer allgemeinen Theorie [1984], 15. Aufl., Frankfurt am Main 2012, S. 492.

4 Henning de Vries, »Vertikale Kooperation im Völkerstrafrecht. Ein Modus der Strukturbildung in der Weltgesellschaft«, in: *Zeitschrift für Rechtssoziologie* 43 (2023), 2, S. 247–278; Niklas Luhmann, *Kontingenz und Recht*. Rechtstheorie im interdisziplinären Zusammenhang, hrsg. von Johannes F. K. Schmidt, Berlin 2013, S. 88 ff.; Philip Allott, »The Emerging Universal Legal System«, in: *International Law Forum du droit international* 3 (2001), 1, S. 12–17.

## Emergenz der globalen Rechtsordnung und ihre kritische Beobachtung

Prozesse globaler Ordnungs- und Strukturbildung zeigen sich in weltweiten Standardisierungen wie der Uhrzeit im 19. Jahrhundert, in der globalen Erreichbarkeit durch das Internet oder in der Gründung einer Vielzahl internationaler Organisationen. Die genannten Prozesse betreffen und regulieren jeden Alltagsbereich.[5] Die Stanford School um John Meyer hat in ihren Studien gezeigt, wie sich institutionelle Muster global verbreiten und zu einer Isomorphie von Strukturen führen.[6] Dies lässt sich anhand des Völkerrechts veranschaulichen. Das Völkerrecht ist in Kriegsvölkerrecht, Umweltrecht, Seerecht und Völkerstrafrecht unterteilt, weitere Teilbereiche werden folgen.[7] Der Ausdifferenzierungsprozess verläuft auf zwei Ebenen: einer horizontalen unter den souveränen Staaten und einer vertikalen Verselbstständigung der Rechtsbereiche.[8]

Schon in seiner Normgenese handelt es sich beim Völkerrecht um ein zwischenstaatliches Recht: Seit dem 19. Jahrhundert einigten sich die sich gegenseitig als souverän anerkennenden europäischen Staaten in Verträgen vor allem auf Regeln im Bereich der Kriegführung. Sie trieben auf diese Weise die positiv-rechtliche Kodifizierung des Völkerrechts voran, in der ersten Genfer Konvention von 1864 zum Schutz von Sanitätspersonal und Kriegsverwundeten, der Brüsseler Erklärung von 1874 über Gesetze und Gebräuche des Krieges sowie den 13 Abkommen der Haager Friedenskonferenzen von 1899 und 1907, die auch die Haager Landkriegsordnung umfassen.[9] Mit der Wende zum 20. Jahrhundert entstanden zunehmend internationale Organisationen, aber auch Gerichte.[10] Nachdem sich das Recht

5 Jürgen Osterhammel, *Die Verwandlung der Welt.* Eine Geschichte des 19. Jahrhunderts, München 2009, S. 116 ff., S. 335 ff. und S. 1105 ff.

6 John W. Meyer / John Boli / George M. Thomas / Francisco O. Ramirez, »World Society and the Nation-State«, in: *American Journal of Sociology* 103 (1997), 1, S. 144–181; John Boli / George M. Thomas, »World Culture in the World Polity. A Century of International Non-Governmental Organization«, in: *American Sociological Review* 62 (1997), 2, S. 171–190.

7 Anne Peters, *Jenseits der Menschenrechte.* Die Rechtsstellung des Individuums im Völkerrecht, Tübingen 2013, S. 7–27; Karl-Heinz Ziegler, *Völkerrechtsgeschichte.* Ein Studienbuch [1994], 2., durchges. und erg. Aufl., München 2007; Anne-Marie Slaughter, *A New World Order*, Princeton, NJ 2004.

8 Henning de Vries, *Die Strafverfolgung internationaler Verbrechen durch den Internationalen Strafgerichtshof.* Eine Rekonstruktion ihrer Struktur in der Weltgesellschaft, Weilerswist 2022, S. 31–39.

9 Jost Dülffer, *Regeln gegen den Krieg?* Die Haager Friedenskonferenzen 1899 und 1907 in der internationalen Politik, Frankfurt am Main / Berlin / Wien 1981.

10 Den bis heute aktiven Internationalen Schiedsgerichtshof zur Beilegung internationaler Konflikte begründeten die an den Haager Konferenzen teilnehmenden Staaten 1899. Im Rahmen des Völkerbunds nahm der Ständige Internationale Gerichtshof ab 1922 seine Arbeit auf und führt diese in den Vereinten Nationen als Internationaler Gerichtshof fort. Daneben entstanden internationale Organisationen wie die International Labour Organization im Jahr 1919, die bis heute das internationale Arbeitsrecht vorantreibt und

zunächst vor allem horizontal ausdifferenzierte, verselbstständigen sich damit die horizontal entstandenen Rechtsbereiche. Dies bezeichne ich im Folgenden als Emergenz, um zu beschreiben, wie sich neue Strukturen über das ursprünglich horizontal angelegte Rechtssystem hinaus ausbilden. Die Rechtsschöpfung ist nicht mehr nur daran gebunden, dass formal gleichberechtigte Staaten einen völkerrechtlichen Vertrag miteinander schließen. Viele der vor allem nach dem Ende des Zweiten Weltkriegs entstandenen internationalen Organisationen und Gerichte prägen zunehmend die Normgenese der globalen Rechtsordnung.[11] An diesem Kipppunkt von der horizontalen zur vertikalen Ausdifferenzierung des Völkerrechts steht die Annahme einer globalen Rechtsordnung. Die mit ihr verbundenen Strukturen sind ein emergentes Produkt aus einem horizontalen Ausdifferenzierungsprozess zwischenstaatlichen Rechts. In der Folge treten Staaten nicht mehr nur als rechtsschöpfende Instanzen auf, sondern sind zugleich mit Rechten und Pflichten in die globale Rechtsordnung integriert:[12] Staaten sind zur Strafverfolgung verpflichtet und dazu, ihre Bürger:innen vor Völkermord zu schützen, was im Hinblick auf das Konzept der Schutzverantwortung – *responsibility to protect* – diskutiert wird.[13] Individuen sind nicht mehr qua ihrer Staatsbürgerschaft Rechtsträger:innen, sondern schon auf der Grundlage des Völkerrechts. Das bezieht sich auf die Menschenrechte, das humanitäre Völkerrecht und das Völkerstrafrecht, nach dem Individuen eine strafrechtliche Verantwortlichkeit tragen.[14]

## Das Verhältnis zwischen der globalen Rechtsordnung und den staatlichen Rechtsordnungen

Mit Blick auf eine sich verselbstständigende globale Rechtsordnung stellt sich die Frage, in welchem Verhältnis sie zu staatlichen Rechtsordnungen steht. Gerade darin liegen vermutlich viele Konflikte, denn sobald sich Staa-

in vielfacher Weise zur Verbesserung globaler Arbeitsbedingungen beiträgt. Boli/Thomas, »World Culture in the World Polity«; Sean Hagan, »International Organizations and the Development of International Law«, in: *Georgetown Journal of International Law* 52 (2021), 4, S. 863–894.

11 Akira Iriye, *Global Community*. The Role of International Organizations in the Making of the Contemporary World, Berkeley, CA 2002.

12 Jan Klabbers, »Setting the Scene«, in: ders. / Anne Peters / Geir Ulfstein (Hg.), *The Constitutionalization of International Law*, Oxford 2009, S. 1–44, hier S. 15; Kenneth W. Abbot / Duncan Snidal, »Hard and Soft Law in International Governance«, in: *International Organization* 54 (2000), 3, S. 421–456.

13 General Assembly (Hg.), *Resolution Adopted by the General Assembly on 16 September 2005*, New York 2005, Az. A/RES/60/1, Para. 138/139; International Commission on Intervention and State Sovereignty (Hg.), *The Responsibility to Protect*. Report of the International Commission on Intervention and State Sovereignty, Ottawa 2001, S. 13; online unter: https://idl-bnc-idrc.dspacedirect.org/server/api/core/bitstreams/7321d402-4733-4e62-98f2-8fbed4db04c1/content [16.10.2023].

14 Peters, *Jenseits der Menschenrechte*, S. 361–382.

ten der globalen Rechtsordnung widersetzen, befinden sie sich in einem Widerspruch.[15] In der rechtswissenschaftlich geprägten Debatte gibt es mit Monismus und Dualismus zwei grundsätzliche Standpunkte. Der Monismus behauptet die Einheit der globalen und der nationalen Rechtsordnung(en), während der Dualismus davon ausgeht, dass nationale und globale Rechtsordnung voneinander getrennt sind und parallel existieren.[16] Ihre jeweiligen Vertreter:innen sehen die globale Weltordnung entweder als einen gemeinsamen Horizont aus globaler Rechtsordnung und nationalen Rechtsordnungen (Monismus) oder als fragmentierte Hülse einander widersprechender sowie konfligierender Rechtsordnungen (Dualismus).

Die verschiedenen Ansätze innerhalb der Theorie der Internationalen Beziehungen (IB) gehen in der Regel von einem dualistischen Konzept aus, da sie Staaten als singuläre Einheiten betrachten, die miteinander interagieren und ihren je eigenen Rechtsordnungen folgen. Die IB-Theorie beruht häufig auf einem Rational-Choice-Ansatz, der Staaten Interessen zuschreibt und sie damit in den Akteursstatus hebt. Um die jeweiligen Interessen definieren zu können, werden Staaten – unter Vernachlässigung innenpolitisch differenzierter Interessenlagen – als einheitliche und voneinander unabhängige Entitäten konstruiert.[17] Historische Analysen der Weltpolitik und der World-Politics-Ansatz weichen diese Kernannahme der IB allmählich auf.[18] Erwartungssichere Strukturen können in einem dualistischen System nur begrenzt vorhanden sein, weil Struktur- und Ordnungsbildung im horizontalen Modus *zwischen* Staaten bleibt. Wenn Ordnung vom wechselseitigen Erwarten der Staaten abhängt, kommt es nicht zu emergenter Strukturbildung. Der Raum für eine internationale Öffentlichkeit aus internationalen Organisationen und Individuen als eigenständigen Akteuren ist wenig bis gar nicht gegeben. Internationale Organisationen kommen nur als Kooperationsplattformen vor, deren Kompetenz von den Erwartungen der beteiligten Staaten abhängt, anstatt aus sich verselbstständigenden Struktur- und

15 Neben den hier diskutierten Widersprüchen und Konflikten sind auch *third world approaches* zum Völkerrecht von großer Relevanz. Allerdings können diese hier nicht thematisiert werden. Siehe aber Antony Anghie, »Rethinking International Law. A TWAIL Retrospective«, in: *European Journal of International Law* 34 (2023), 1, S. 7–112.

16 Thomas Finegan, »Neither Dualism nor Monism. Holism and the Relationship between Municipal and International Human Rights Law«, in: *Transnational Legal Theory* 2 (2011), 4, S. 477–504.

17 Anne-Marie Slaughter Burley, »International Law and International Relations Theory. A Dual Agenda«, in: *The American Journal of International Law* 87 (1993), 2, S. 205–239; Chandra Lekha Sriram, »International Law, International Relations Theory and Post-Atrocity Justice. Towards a Genuine Dialogue«, in: *International Affairs* 82 (2006), 3, S. 467–478.

18 Michael Zürn, *A Theory of Global Governance*. Authority, Legitimacy, and Contestation, Oxford 2018; Mathias Albert, *A Theory of World Politics*, Cambridge 2016; Antony Anghie, *Imperialism, Sovereignty, and the Making of International Law*, Cambridge 2004.

Ordnungsbildungsprozessen zu erwachsen.[19] Wie erklären sich die IB, dass Individuen eine strafrechtliche Verantwortlichkeit durch das Völkerstrafrecht tragen, internationale Gerichte rechtswirksame Urteile fällen und es eine internationale Öffentlichkeit gibt, in der internationale Organisationen wie auch Individuen Verhalten auf globaler Bühne kritisieren können – Occupy, Fridays for Future, Kundgebungen in Bezug auf den russischen Angriffskrieg gegen die Ukraine und den Krieg im Nahen Osten? Immerhin handelt es sich hierbei um globale Kommunikationsstrukturen, die gleichzeitig politische Botschaften vermitteln und sich dafür auch rechtlicher Strukturen als Grundlage bedienen können.[20]

Die rechtswissenschaftliche Debatte hat in ähnlicher Weise Schwierigkeiten, die horizontale und vertikale Ausdifferenzierung einer globalen Rechtsordnung in Einklang mit der Debatte über Monismus und Dualismus zu bringen. Ein horizontales Rechtsverhältnis besteht zwischen gleichrangigen Entitäten wie Staaten, während ein vertikales Rechtsverhältnis beispielsweise zwischen dem Staat und seinen Staatsbürger:innen existiert. In einer dualistischen Rechtsinterpretation bestehen die vertikalen Rechtsverhältnisse nebeneinander und sind unabhängig vom horizontalen Verhältnis des internationalen Rechts. Eine monistische Interpretation geht nicht davon aus, dass es sich um zwei voneinander getrennte Sphären handelt. Es bleibt zu klären, in welchem Verhältnis vertikale und horizontale Rechtsverhältnisse stehen. Ihre Gleichzeitigkeit ist die zentrale Herausforderung des Monismus, der für einen rechtssoziologischen Ansatz instruktiv ist, um damit die Emergenz der globalen Rechtsordnung zu erläutern. Die rechtswissenschaftliche Debatte zielt darauf ab, solche Widersprüche im Sinne einer konsistenten Rechtsordnung aufzulösen.[21]

19 Anne-Marie Burley, »Law among Liberal States. Liberal Internationalism and the Act of State Doctrine«, in: *Columbia Law Review* 92 (1992), 8, S. 1907–1996; Barry Buzan, »From International System to International Society. Structural Realism and Regime Theory Meet the English School«, in: *International Organization* 47 (1993), 3, S. 327–352; Joseph M. Grieco, »Realist Theory and the Problem of International Cooperation. Analysis with an Amended Prisoner's Dilemma Model«, in: *The Journal of Politics* 50 (1988), 3, S. 600–624.

20 Florian Kriener / Elizabeth A. Wilson, »The Rise of Nonviolent Protest Movements and the African Union's Legal Framework«, in: *ESIL Reflections* 10 (2021), 4; online unter: https://esil-sedi.eu/wp-content/uploads/2021/10/ESIL-Reflection-Kriener-Wilson_final-1.pdf [18. 3. 2024]; Florian Kriener, »Gewaltfreie Protestbewegungen als Legitimitätsquelle? Eine Replik«, in: *Zeitschrift für ausländisches öffentliches Recht und Völkerrecht* 80 (2020), 4, S. 881–911.

21 Lea Brilmayer, »International Law in American Courts. A Modest Proposal«, in: *The Yale Journal* 100 (1991), 8, S. 2277–2314; Haraold Hongju Koh, »Transnational Public Law Litigation«, in: *The Yale Journal* 100 (1991), 8, S. 2347–2402; de Vries, *Die Strafverfolgung internationaler Verbrechen durch den Internationalen Strafgerichtshof*, S. 37–39; Martti Koskenniemi, *From Apology to Utopia*. The Structure of International Legal Argument, Cambridge 2006.

## Liberale Weltordnung – fragmentiert oder auf dem Weg zur Konstitutionalisierung?

Die Emergenz der globalen Rechtsordnung wird auch dahin gehend diskutiert, ob sie – mittels ihrer Ausdifferenzierung in verschiedene Rechtsbereiche – fragmentiert ist oder ob sie einen einheitsbildenden Konstitutionalisierungsprozess durchläuft. Fragmentierung bezeichnet ein horizontales Auseinanderstreben, das mit einer gesellschaftlichen Polarisierung aufgrund der funktionalen Orientierung des Rechts, der Politik und anderer Gesellschaftsbereiche zusammenhängt. Das wird vor allem in den zwischenstaatlichen Beziehungen deutlich, weil hier weder eine übergeordnete Institution noch ein Zentrum existiert. Die Vereinten Nationen und vor allem deren Sicherheitsrat – als zentrale Koordinationsinstanz immer wieder aufgerufen – verfügen nicht über die dafür notwendige Kompetenz.[22] Für eine globale Rechtsordnung fehlt eine Globalverfassung,[23] die Charta der Vereinten Nationen kann diese Funktion nicht erfüllen. Es entstehen verschiedene Rechtsbereiche, ohne dass es eine Instanz gibt, die für eine Einheit der globalen Rechtsordnung sorgt.[24] Das hält auch die Völkerrechtskommission der Vereinten Nationen fest, die sich unter anderem mit der Fragmentierung des Völkerrechts auseinandersetzt:

> Die Fragmentierung der internationalen sozialen Welt besitzt rechtliche Bedeutung, da sie mit der Entstehung von spezialisierten und (relativ) autonomen Regeln oder Regelkomplexen, Rechtsinstitutionen und Bereichen der Rechtspraxis einhergeht. Was einst als »allgemeines Völkerrecht« erschien, ist zum Betätigungsfeld von Spezialsystemen wie »Handelsrecht«, »Menschenrecht«, »Umweltrecht«, »Seerecht«, »Europarecht« und sogar von so hochspezialisierten Wissensformen wie »Investitionsrecht« oder »internationales Flüchtlingsrecht« usw. geworden – die jeweils ihre eigenen Grundsätze und Institutionen haben.[25]

22 Bardo Fassbender, *The United Nations Charter as the Constitution of the International Community*, Leiden 2009.

23 Andreas Fischer-Lescano, *Globalverfassung*. Die Geltungsbegründung der Menschenrechte, Weilerswist 2005.

24 Bruno Simma, »Universality of International Law from the Perspective of a Practitioner«, in: *The European Journal of International Law* 20 (2009), 2, S. 265–297; Martti Koskenniemi, »The Fate of Public International Law. Between Technique and Politics«, in: *The Modern Law Review* 70 (2007), 1, S. 1–30; Andreas Fischer-Lescano / Gunther Teubner, *Regime-Kollisionen*. Zur Fragmentierung des globalen Rechts, Frankfurt am Main 2006.

25 International Law Commission (Hg.), *Fragmentation of International Law*. Difficulties Arising from the Diversification and Expansion of International Law, Report of the Study Group of the International Law Commission, General Assembly Aktenzeichen A/CN.4/L.702, Genf 2006 (meine Übers., H.d.V.).

Die vertikale Verselbstständigung einzelner Rechtsbereiche mit je eigenen Gerichtshöfen und internationalen Organisationen verstärkt zwar die Rechtsfortbildung, sorgt aber nicht dafür, dass sich generelle Rechtsprinzipien ausbilden oder spezielle Rechtsprinzipien aufeinander abgestimmt werden. Allerdings ist ein Prozess der Verfassungsentwicklung im Gange, der auch ohne ein so bezeichnetes vollständiges Dokument auskommt: Die vertikale Differenzierung konstitutionalisiert einzelne Rechtsbereiche und schafft so »Verfassungsfragmente«,[26] weil partiell Über- und Unterordnungsverhältnisse und dadurch prozedurale Normen zur Auflösung von Normkonflikten entstehen.[27]

Dieser Befund untermauert die Befürchtung demokratietheoretischer Ansätze im Anschluss an Jürgen Habermas, die Legitimation der regelbasierten Weltordnung stünde infrage. Die fragmentierten Rechtsbereiche wiesen je unterschiedliche Konstitutionalisierungsprozesse und -grade sowie dementsprechend eigene Legitimationspfade auf, die sich nicht mehr zentral über *einen* demokratischen Willen artikulieren und koordinieren ließen. Für innerstaatliche Rechtsordnungen sei eine demokratische Legitimation möglich, für die globale Rechtsordnung gebe es keinen vergleichbaren Pfad.[28] Somit könne das Recht instrumentalisiert werden, um Macht zu vergrößern – dafür wurde der Begriff *lawfare* geprägt, der die Kriegführung mit Rechtsmitteln bezeichnet.[29] Daneben steht der Begriff der juristischen Intervention vor allem im Bereich des Völkerstrafrechts für eine territoriale Entgrenzung der Strafgewalt durch den Internationalen Strafgerichtshof und nationale Gerichte.[30] Im Ergebnis erscheint die liberale Weltordnung sowohl fragmentiert als auch partiell konstitutionalisiert zu sein. Die Strukturbildung der globalen Rechtsordnung wirkt mit der Gleichzeitigkeit verschiedener Konstruktionsweisen und Deutungen der Rechtsverhältnisse diffus.

26 Gunther Teubner, *Verfassungsfragmente*. Gesellschaftlicher Konstitutionalismus in der Globalisierung, Berlin 2012.

27 Jacob Katz Cogan, »The Regulatory Turn in International Law«, in: *Harvard International Law Journal* 52 (2011), 2, S. 321–372; Jan Klabbers, »Constitutionalism Lite«, in: *International Organizations Law Review* 1 (2004), 1, S. 31–58; M. Patrick Cottrell / David M. Trubek, »Law as Problem Solving. Standards, Networks, Experimentation, and Deliberation in Global Space«, in: *Transnational Law & Contemporary Problems* 21 (2012), 2, S. 359–393.

28 Jürgen Habermas, »Konstitutionalisierung des Völkerrechts und die Legitimationsprobleme einer verfassten Weltgesellschaft«, in: Winfried Brugger / Ulfrid Neumann / Stephan Kirste (Hg.), *Rechtsphilosophie im 21. Jahrhundert*, Frankfurt am Main 2008, S. 360–379; Bogdandy/Venzke, »In Whose Name?«; Marlies Glasius, »Do International Criminal Courts Require Democratic Legitimacy?«, in: *European Journal of International Law* 23 (2012), 1, S. 43–66.

29 Orde F. Kittrie, *Lawfare*. Law as a Weapon of War, Oxford 2016.

30 Klaus Ferdinand Gärditz, *Weltrechtspflege*. Eine Untersuchung über die Entgrenzung staatlicher Strafgewalt, Berlin 2006.

## Wie gewährleistet das (Völker-)Recht seine gesellschaftlichen Funktionen?

Nach monistischer Interpretation gehe ich im Folgenden von der Einheit der globalen Rechtsordnung aus. Unter Einheit ist jedoch keine widerspruchsfreie Konsistenz zu verstehen, sondern die »Bedingung der Möglichkeit Fragen zu stellen«.[31] Trotz Widersprüchen und – in Anbetracht gewaltsamer Konflikte – Rechtsverletzungen kollabiert die globale Rechtsordnung nicht. Widersprüche und Konflikte stellen Fragen an die globale Rechtsordnung, die Antworten darauf, sprich: einen Umgang damit finden muss. Die Einheit der globalen Rechtsordnung ist die Bedingung der Möglichkeit dafür, dass Staaten, internationale Organisationen, Gerichte oder Individuen rechtliche Antworten auf Widersprüche und Konflikte entwickeln können.

Ein solches Verständnis der Einheit der globalen Rechtsordnung ist der rechtssoziologische Ansatzpunkt dafür, globale Struktur- und Ordnungsbildungsprozesse in den Vordergrund zu stellen. Für eine entsprechende Untersuchung nutze ich die Systemtheorie nach Niklas Luhmann als sozialtheoretischen Rahmen, weil ihr Begriff der Weltgesellschaft einen globalen analytischen Zugriff erlaubt.[32] Die Weltgesellschaft umfasst im systemtheoretischen Verständnis jede mögliche Kommunikation und stellt damit die Totalität des Sozialen dar. Sie ist ein globaler Kommunikationsraum.[33] Sinn und Bedeutung sind sozial konstruiert und können demnach nur in sozialen Kontexten oder, im systemtheoretischen Verständnis, in Systemen (re-)produziert werden.[34] Aus einer solchen sozialtheoretischen Perspektive ist die Fragmentierung ein Phänomen der Binnendifferenzierung innerhalb der Weltgesellschaft – genauer: der globalen Rechtsordnung.

Es braucht einen Normbegriff, der für die verschiedenen Fachdisziplinen Rechtswissenschaft, IB und Soziologie anschlussfähig sein kann. Die Rechtswissenschaft beobachtet Normen entlang der Unterscheidung zwischen Normativität (Sollensgehalt) und Faktizität (Deskription). Martha Finnemore und Kathryn Sikkink definieren die vorschreibende Qualität des Sollens als geteilten moralischen Horizont.[35] Das erinnert an die Vorstel-

31 Luhmann, *Kontingenz und Recht*, S. 95.

32 Neben dem Ansatz von Niklas Luhmann gibt es weitere Weltgesellschaftstheorien wie den Neo-Institutionalismus der Stanford School um John Meyer. Beide Ansätze bieten einander ergänzendes Potenzial. Siehe Anm. 6 und 10 sowie de Vries, *Die Strafverfolgung internationaler Verbrechen durch den Internationalen Strafgerichtshof*, S. 73 ff.

33 Theresa Wobbe, *Weltgesellschaft*, Bielefeld 2000; Niklas Luhmann, »Ebenen der Systembildung – Ebenendifferenzierung«, in: Bettina Heintz / Hartmann Tyrell (Hg.), *Interaktion – Organisation – Gesellschaft* revisited. Anwendungen, Erweiterungen, Alternativen (= Sonderheft der *Zeitschrift für Soziologie*), Stuttgart 2014, S. 6–39; ders., *Die Gesellschaft der Gesellschaft*, Bd. 1, Frankfurt am Main 1997, S. 145 ff.

34 Luhmann, *Die Gesellschaft der Gesellschaft*, Bd. 1, S. 44 ff.

35 Martha Finnemore / Kathryn Sikkink, »International Norm Dynamics and Political Change«, in: *International Organization* 52 (1998), 4, S. 887–917.

lung soziologischer Theoretiker:innen wie Talcott Parsons, der Normen eine gesellschaftliche Kohäsionskraft zuschrieb,[36] analog zur rechtswissenschaftlichen Unterscheidung zwischen Normativität und Faktizität. Koskenniemi hat diese Unterscheidung für die völkerrechtliche Debatte als Apologie und Utopie bezeichnet:

> Um zu zeigen, dass ein internationales Recht mit einem gewissen Grad an Realität existiert, muss der moderne Jurist zeigen, dass das Recht gleichzeitig normativ und faktisch ist – dass es einen Staat unabhängig von seinem Verhalten, seinem Willen oder seinen Interessen bindet, dass sein Inhalt aber dennoch durch Bezugnahme auf das tatsächliche Verhalten, den Willen oder die Interessen des Staates überprüft werden kann.[37]

Entweder verfällt die Beschreibung der globalen Ordnung in eine Apologie und damit in die IB-Theorie, die die politische Staatenpraxis fokussiert, oder in eine Utopie, in der die Sollenswidersprüche die Einheit der globalen Rechtsordnung infrage stellen.[38]

Sein dichotomes Verständnis von Rechtsnormen führt Koskenniemi zu der Diagnose eines Theoriedefizits der Rechtwissenschaft. In ähnlicher Weise stellt Alfons Bora fest, zwischen einer deskriptiven (Soziologie) und einer normativen Beschreibung (Rechtswissenschaft) des Rechts müssten »resonanzfähige, responsive Reflexionstheorien« vermitteln.[39] Luhmanns Definition von Normen bietet sich für die weitere Analyse globaler Struktur- und Ordnungsbildungsprozesse an. Er definiert Normen als normative Erwartungen und unterscheidet diese von kognitiven. Erstere bezeichnen eine Form der Lernresistenz und damit die Möglichkeit, kontrafaktisch an Erwartungen festzuhalten.[40] Der Fokus auf normatives Erwarten hilft dabei, Recht gesellschaftstheoretisch nicht überzubetonen, wie es in einer kontrastierenden Betrachtung von Recht und Macht geschieht. In einer funktional differenzierten Gesellschaft gibt es in der Politik normatives Erwarten ebenso wie im Recht; die hier vorgelegte Betrachtung fokussiert sich auf Letzteres. Es handelt sich um einen funktionalen Beobachtungsstandpunkt innerhalb von Gesellschaft, das heißt, es wird ein auf die gesellschaftlichen Funktionen des Rechts – Erwartungssicherheit und Verhaltenssteuerung – bezogenes Beobachtungsinteresse expliziert.

36 Talcott Parsons, *The Structure of Social Action* [1949], New York 1968, S. 76; ders. et al., »Some Fundamental Categories of the Theory of Action. A General Statement«, in: Talcott Parsons / Edward A. Shils (Hg.), *Toward a General Theory of Action* [1951], Cambridge, MA 1976, S. 3–29, hier S. 16.

37 Koskenniemi, *From Apology to Utopia*, S. 17 (meine Übers., H.d.V.).

38 Ebd., S. 18.

39 Alfons Bora, »Responsive Rechtssoziologie«, in: *Zeitschrift für Rechtssoziologie* 36 (2016), 2, S. 261–272, hier S. 269.

40 Niklas Luhmann, *Rechtssoziologie* [1972], Wiesbaden 2008, S. 43 f.

Wie kann das Völkerrecht seine gesellschaftlichen Funktionen gewährleisten, wenn die entstehenden Rechtsbereiche horizontal auseinanderstreben und Konflikte zu wiederholten Rechtsverletzungen führen? Die Vermutung ist, dass Widerspruch erst aufgrund der Verbindlichkeit des Völkerrechts möglich ist, denn die einander widersprechenden Geltungsbehauptungen müssen sich auf einen geteilten Gegenstand und insofern auf einen geteilten Sinnhorizont beziehen, vor dem ihr Widerspruch kommunikativ anschlussfähig ist. Das verlangt, sich an einen normativen Erwartungszusammenhang zu binden, innerhalb dessen der Widerspruch darstellbar ist. Widerspruch ist eine kommunikative Einheit aus normativer Erwartung und ihrer Enttäuschung, die keinen Kommunikationsabbruch bedeutet, sondern die Strukturierung der weiterlaufenden sozialen Wirklichkeit zum Ziel und zur Folge hat.

Das horizontale Auseinanderstreben der Rechtsbereiche und die aus Konflikten resultierenden Rechtsverletzungen stellen somit kein Problem dar. Sie sind die Voraussetzung dafür, dass die globale Rechtsordnung und insofern die regelbasierte Weltordnung überhaupt möglich sind. Denn die regelbasierte Weltordnung stellt eine Lösung für vorausgehende Problemlagen dar, sie braucht also Widersprüche, um Lösungen zu entwickeln. Dafür bildet die Einheit der globalen Rechtsordnung den Rahmen. Der dargestellte Zusammenhang von Widerspruch und Lösung basiert in jedem Fall auf der Verbindlichkeit des Völkerrechts.

## Verbindlichkeit als kommunikative Selbstbindung

Am Begriff der Verbindlichkeit anzusetzen, erscheint im Hinblick auf den gewählten Normbegriff Luhmanns zunächst kontraintuitiv. Zum einen setzt die Rechtswissenschaft Verbindlichkeit mit Geltung gleich und stellt damit allein auf das normative Sollen ab. Zum anderen entsteht im Bereich des Völkerstrafrechts und auch im Verhältnis der Staaten untereinander nicht der Eindruck, dass die regelbasierte Ordnung eine universelle Bindungswirkung erzeugt. Darauf beruht die Rezeption einer Krise der liberalen beziehungsweise regelgeleiteten Ordnung.[41] Dennoch arbeiten verschiedene rechtssoziologische Ansätze mit dem Begriff der Verbindlichkeit und versuchen zu erklären, unter welchen Bedingungen das Recht empirisch verbindlich ist. Ein rechtssoziologischer Ansatz überwindet die im Verbindlichkeitsbegriff eingewobene Unterscheidung zwischen Normativität und Faktizität, weil der Verbindlichkeitsbegriff in struktureller Perspektive die Orientierung an normativen Erwartungszusammenhängen erläutern und empirisch analysieren kann.

41 Glaser, »A Flawed Framework«; Mearsheimer, »Bound to Fail«.

Einen ersten Anlauf für die Rechtssoziologie unternahm Max Weber, indem er von empirischer Geltung sprach, also dem Umstand, dass Recht unter der Voraussetzung eines Zwangsapparats Wirkung entfaltet. Er nannte dies die Orientierung des Handelns, wobei der Zwangsapparat die Bindungswirkung erzeugt. Allerdings war dies bei Weber kein zwingender Kausalverlauf, es sind Abweichungen möglich. Die empirische Geltung war daher ein vages Konzept, weshalb einzelne Rechtsnormen hinsichtlich ihrer Einhaltung zu untersuchen wären.[42]

Theodor Geiger führte dies fort und ermittelte die Chance, dass eine Norm eingehalten wird, mit einem Berechnungsmodell. Geiger verstand Verbindlichkeit als einen Tatsachenzusammenhang, der das Verhalten der Mitglieder einer Gesellschaft durch ihre soziale Interdependenz beeinflusst. Damit zielte er auf die Rechtswirksamkeit von Normen und wollte sogar eine Effektivitätsquote berechnen können.[43] Zum einen entwickelte sich entlang dieser Denkrichtung die Rechtstatsachenforschung als Frage nach der empirischen Kongruenz von Verhalten und Rechtsnormen.[44] Zum anderen bot Geiger mit der Idee des Tatsachenzusammenhangs, an dem die Mitglieder der Gesellschaft ihr Handeln orientieren, einen Ansatzpunkt für die Verbindlichkeit normativer Erwartungszusammenhänge als struktureller Rahmen, innerhalb dessen sich das Verhalten der Mitglieder einer Gesellschaft konstituiert. Denn Verhalten ergibt Sinn, wenn und weil andere es in diesen Tatsachenzusammenhang einordnen können. Die Normeinhaltung ist der normative Sollensgehalt des Verbindlichkeitsbegriffs und unterstellt, dass eine Norm nicht verbindlich ist, wenn sie kontinuierlich enttäuscht wird. Allerdings ergibt auch die Normenttäuschung nur vor dem Hintergrund eines normativen Erwartungen Sinn. Der Widerspruch zwischen normativen Erwartungen und ihrer Enttäuschung ist das kommunikative Ereignis, an dem die Justiz und andere Instanzen anschließen können. Verbindlichkeit ist also nicht mit der Normeinhaltung gleichzusetzen, sondern als kommunikative Selbstbindung an einen normativen Erwartungszusammenhang zu begreifen.[45] Nur der Kommunikationsabbruch und das Infragestellen des normativen Erwartungszusammenhangs unterbrechen die kommunikative Selbstbindung.

42 Max Weber, *Wirtschaft und Gesellschaft*. Grundriß der verstehenden Soziologie [1921/22], 5., rev. Aufl., bearb. von Johannes Winckelmann, Tübingen 1972, S. 186.

43 Theodor Geiger, *Vorstudien zu einer Soziologie des Rechts*, 4. Aufl., durchges. und hrsg. von Manfred Rehbinder, Berlin 1987, S. 168–174.

44 Alfons Bora, *Responsive Rechtssoziologie*. Theoriegeschichte in systematischer Absicht, Wiesbaden 2023, S. 91; Thomas Raiser, *Grundlagen der Rechtssoziologie*, 6., durchges. und erw. Aufl. von *Das lebende Recht* [1999], Tübingen 2013, S. 15 ff.

45 Henning de Vries, »Die Verbindlichkeit der staatlichen Kooperationspflicht mit dem Internationalen Strafgerichtshof. Ein verfahrenssoziologischer Ansatz«, in: Justus Heck / Jürgen Raab (Hg.), *Prekäre Verbindlichkeiten*. Studien an den Problemschwellen normativer Ordnungen, Wiesbaden 2021, S. 125–143.

Die globale Rechtsordnung und das Völkerstrafrecht als binnendifferenzierter Rechtsbereich können jeweils als normative Erwartungszusammenhänge aufgefasst werden. Erst dadurch kann eine Tat als Kriegsverbrechen, Verbrechen gegen die Menschlichkeit, Völkermord oder Verbrechen der Aggression interpretiert werden. Das affirmative Element der Verbindlichkeit liegt nicht darin, eine Norm einzuhalten, sondern besteht darin, sich kommunikativ an einen Erwartungszusammenhang zu binden und ihn auf diese Weise zu reproduzieren.[46] Wie das aussieht, wird anhand der völkerstrafrechtlichen Situationen in Kenia und Syrien im nächsten Abschnitt gezeigt.

Entsprechend ist die Zurückweisung eines normativen Erwartungszusammenhangs – wie die Ablehnung des Völkerstrafrechts oder die Begehung einer Völkerstraftat – erst möglich, wenn ein Tatsachenzusammenhang hergestellt werden kann, weil er auf den Bedeutungsrahmen des normativen Erwartungszusammenhangs angewiesen ist.[47] Wie sollte ein Verhalten sonst überhaupt als Völkerstraftat interpretiert werden können? Luhmann hat bereits darauf hingewiesen, dass »Äußerungen binden«,[48] allerdings ohne die Konsequenzen in struktureller Hinsicht empirisch sichtbar zu machen. Der vorgestellte rechtssoziologische Ansatz lehnt die Perspektive der Rechtstatsachenforschung ab und beschreitet einen Weg, der sich als theoretisch-empirisches Forschungsprogramm versteht.

## Völkerstrafrecht: Das Prinzip der Komplementarität

Die empirische Analyse muss zeigen, dass das Verbindlichkeitskonzept den Widerspruch zwischen horizontalen und vertikalen Verhältnissen erfassen kann und damit für die IB sowie die Völkerrechtswissenschaft einen Mehrwert liefert. Hierfür lohnt sich der Blick auf das Völkerstrafrecht, weil mit Völkerstraftaten eine Normenttäuschung vorliegt, die in einer machtbezogenen Deutung für eine mangelnde Verbindlichkeit des Rechts sprechen würde.

Das Prinzip der Komplementarität beschreibt, unter welchen Bedingungen der Internationale Strafgerichtshof über die Nichtzulässigkeit einer Sache entscheiden kann. Es handelt sich um ein Ergänzungsverhältnis zwischen dem Gerichtshof und den Staaten in der Frage der Strafverfolgung. Das Prinzip der Komplementarität lässt sich folgendermaßen darstellen:

46 de Vries, *Die Strafverfolgung internationaler Verbrechen durch den Internationalen Strafgerichtshof*, S. 187 ff.

47 Heinz Messmer, *Der soziale Konflikt*. Kommunikative Emergenz und systemische Reproduktion, Stuttgart 2003, S. 70.

48 Niklas Luhmann, *Legitimation durch Verfahren* [1969], Berlin 2017, S. 45.

| »Im Hinblick auf Absatz 10 der Präambel und Artikel 1 entscheidet der Gerichtshof, dass eine Sache nicht zulässig ist, wenn [ … ]« | | |
|---|---|---|
| | Bedingung 1 | Bedingung 2 |
| Horizontale | »a) in der Sache von einem Staat, der Gerichtsbarkeit darüber hat, Ermittlungen oder eine Strafverfolgung durchgeführt werden,« | »b) in der Sache von einem Staat, der Gerichtsbarkeit darüber hat, Ermittlungen durchgeführt worden sind, und der Staat entschieden hat, die betreffende Person nicht strafrechtlich zu verfolgen,« |
| Vertikale | »es sei denn, der Staat ist nicht willens oder in der Lage, die Ermittlungen oder die Strafverfolgung ernsthaft durchzuführen;« | »es sei denn, die Entscheidung war das Ergebnis mangelnden Willens oder des Unvermögens des Staates, eine Strafverfolgung ernsthaft durchzuführen;«[49] |

Tabelle 1. Das Prinzip der Komplementarität nach Artikel 17 des Römischen Statuts.[50]

In der Regel muss der Gerichtshof von der Zulässigkeit einer Sache ausgehen, weil er nur über die Nichtzulässigkeit entscheiden kann. Nichtzulässigkeit ist gegeben, wenn der Staat mit seiner eigenen Strafverfolgung auf den Plan tritt, wobei zugleich eine (universelle) Verpflichtung eines Staates zur Strafverfolgung besteht.[51] Die Horizontale ist dadurch gekennzeichnet, dass sie die internationale Strafverfolgung ausschließt und den souveränen Staat zum Zuge kommen lässt. Darin liegt die Dualität von internationaler und nationaler Strafverfolgung. Die Vertikale fügt diese Dualität wieder in ein monistisches Gesamtbild ein, indem qualifizierende Merkmale für die nationale Strafverfolgung festgelegt werden. Wie am Völkerstrafrecht sichtbar wird, ist der Dualismus aus nationaler und internationaler Strafverfolgung in die globale Rechtsordnung eingewoben. Das Prinzip der Komplementarität bestimmt das Verhältnis von nationaler und internationaler Strafverfolgung insoweit, dass eine verfahrensmäßige Prüfung möglich ist.[52] Es verbindet das horizontale und das vertikale Rechtsverhältnis miteinander und trägt den damit einhergehenden Widerspruch in die Ermittlungssituationen des ICC. Gleichzeitig können die Beteiligten dadurch die internationale

49 Art. 17 des *Römischen Statuts des Internationalen Strafgerichtshofs,* Rom 1998; online unter: https://www.auswaertiges-amt.de/blob/203446/c09be147948d4140dd53a917c2544fa6/roemischesstatut-data.pdf [19. 3. 2024].

50 Angelehnt an de Vries, *Die Strafverfolgung internationaler Verbrechen durch den Internationalen Strafgerichtshof,* S. 104.

51 Präambel des *Römischen Statuts des Internationalen Strafgerichtshofs,* Abs. 5.

52 de Vries, *Die Strafverfolgung internationaler Verbrechen durch den Internationalen Strafgerichtshof,* S. 105 f.

Strafverfolgung durch den Internationalen Strafgerichtshof (ICC) ablehnen, ohne sich dem normativen Erwartungszusammenhang des Völkerstrafrechts zu entziehen.

Somit gibt es eine globale Rechtsordnung, an die Fragen gestellt werden können und die einen Umgang mit Widersprüchen anbietet. Anhand von zwei Ermittlungssituationen des ICC soll dies veranschaulicht werden: der Situation in Kenia und der Situation in Syrien. Mit dem Situationsbegriff fasst der ICC Ereignisse zu einem Zusammenhang zusammen und erklärt sie damit zum Gegenstand völkerstrafrechtlicher Ermittlungen. Es entsteht ein Tatsachenzusammenhang, der entlang eines normativen Erwartungszusammenhangs beobachtet beziehungsweise strukturiert wird.[53] Während Kenia Vertragsstaat des Römischen Statuts ist, trifft dies auf Syrien nicht zu. Beide Staaten lehnen die internationale Strafverfolgung durch den ICC ab, wofür sie die staatliche Souveränität als Grund anführen. Dennoch binden sie sich kommunikativ an das Völkerstrafrecht – mit unterschiedlichen Konsequenzen.

## Die Situation in Kenia

In Kenia herrschten nach den Präsidentschaftswahlen von Dezember 2008 bis zum Februar 2009 Unruhen, in denen mehr als tausend Personen starben. Des Weiteren kam es zu großflächigen Vertreibungen und sexueller Gewalt, Letztere wurde scheinbar als systematischer Angriff gegen die Zivilbevölkerung organisiert. Das Anklagebüro des ICC begann daraufhin, die Situation in Kenia zu beobachten, und regte eine nationale Strafverfolgung an. Die Regierung Kenias bemühte sich, ein Sondertribunal einzusetzen. Nachdem dies nicht gelang, strengte der ICC schließlich ein Verfahren wegen Verbrechen gegen die Menschlichkeit an.[54]

53 Helmut Satzger, *Internationales und Europäisches Strafrecht.* Strafanwendungsrecht, Europäisches Straf- und Strafverfahrensrecht, Völkerstrafrecht, 8. Aufl., Baden-Baden 2018, S. 331; de Vries, *Die Strafverfolgung internationaler Verbrechen durch den Internationalen Strafgerichtshof*, S. 260–263.

54 »On 5 November 2009, the Prosecutor met with President Mwai Kibaki and Prime Minister Raila Odinga in Nairobi. The Prosecutor informed them that since all the statutory criteria are fulfilled it was his duty to open an investigation and requested the cooperation of the Kenya national authorities with the Court. The Prosecutor recalled the complementary roles of the ICC and the national authorities in combating impunity. In a joint press conference the same day, the Prosecutor announced his intention to request authorization to proceed with an investigation into the situation of the Republic of Kenya. The President and Prime Minister issued a joint statement by which they recalled their constructive meeting with the Prosecutor. The Government noted that it remains fully committed to discharge its responsibility in accordance with the Rome Statute to establish a local judicial mechanism to deal with the perpetrators of the post-election violence, and that it remains committed to cooperate with the ICC within the framework of the Rome Statute and the Kenyan International Crimes Act.« Office of the Prosecutor (Hg.), »Request for Authorization of an Investigation Pursuant to

In einer gemeinsamen Pressekonferenz des Chefanklägers mit dem Präsidenten und dem Ministerpräsidenten Kenias kündigte der Chefankläger die Aufnahme des Verfahrens nach dem Prinzip der Komplementarität an und bezog sich dabei auf die qualifizierenden Merkmale eines vertikalen Rechtsverhältnisses nach Art. 17 des Römischen Statuts. Die Regierung Kenias berief sich ebenfalls auf das Prinzip der Komplementarität, allerdings auf das darin verankerte horizontale Rechtsverhältnis. In dieser Situation widersprachen sich die beiden Rechtsverhältnisse, wobei sich beide Parteien kommunikativ an das Völkerstrafrecht gebunden haben. Nur so konnten sie sich in einem geteilten normativen Erwartungszusammenhang in Widerspruch zueinander begeben. Daraufhin prüfte die Vorverfahrenskammer des ICC die Zulässigkeit und entschied, dass Ermittlungen aufgenommen werden. Die Entscheidungsfähigkeit des ICC ist durch die globale Rechtsordnung begründet. Sie stellt den Rahmen dar, innerhalb dessen der Widerspruch zwischen der Regierung Kenias und der Anklagebehörde des ICC möglich ist und entschieden werden kann. Gleichzeitig bleibt der Widerspruch der Rechtsverhältnisse in der Konstruktionsweise des Völkerstrafrechts mit dem Prinzip der Komplementarität bestehen und ist immer wieder – für jede Situation neu – zu entscheiden.[55] Auch die Uneinigkeit zwischen der Regierung Kenias und dem ICC wurde im Verfahren des Gerichtshofs entfaltet. Auf der Grundlage von Widerspruch und Uneinigkeit entwickeln sich mit dem juristischen Verfahren soziale Prozesse und Strukturen.

## Die Situation in Syrien

Bezüglich des seit 2011 in Syrien andauernden Bürgerkriegs stellt sich für den Sicherheitsrat die Frage, ob er die Situation an den Internationalen Strafgerichtshof überweisen soll.[56] Der Sicherheitsrat ist dazu nach Artikel 13 Absatz b des Römischen Statuts in der Lage, wenn er eine Resolution nach Kapitel VII der Charta der Vereinten Nationen verabschiedet. Das bedeutet, dass der Sicherheitsrat eine Bedrohung für Frieden und Sicherheit in der Welt feststellt und als Maßnahme die internationale Strafverfolgung durch den ICC ergreift. Hier zeigt sich die vertikale Emergenz der globalen Rechtsordnung, weil über den wechselseitig geschlossenen völkerrechtlichen Vertrag unter Staaten eine Rechtswirkung zu Lasten Dritter etabliert werden kann. Frankreich hat – in mehreren Anläufen und unterstützt von einer Viel-

Article 15«, in: *International Criminal Court*, 26. 11. 2009; online unter: https://legal-tools.org/doc/c63dcc/pdf [16. 10. 2023], S. 9 f. und S. 3; Biniam E. Bedasso, »Ethnicity, Intra-Elite Differentiation and Political Stability in Kenya«, in: *African Affairs* 114 (2015), 456, S. 361–381.

55 de Vries, »Die Verbindlichkeit der staatlichen Kooperationspflicht mit dem Internationalen Strafgerichtshof«, S. 141.

56 Oumar Ba, *States of Justice*. The Politics of the International Criminal Court, Cambridge 2020, S. 74.

zahl internationaler Organisationen – eine Resolution im Sicherheitsrat angestrengt, die Situation in Syrien dem ICC vorzulegen, und ist gescheitert.[57]

Auch in Syrien geht es um das Prinzip der Komplementarität, allerdings soll hier keine Entscheidung über die Zulässigkeit vor dem ICC getroffen werden, sondern darüber, ob der Sicherheitsrat die Situation an den Gerichtshof und damit in seine Gerichtsbarkeit überweist. Die Entscheidung des Sicherheitsrats bedient sich zwar einer Kompetenz aus dem Völkerstrafrecht – Situationen überweisen zu können –, findet aber im Kontext der Vereinten Nationen statt, um Frieden und Sicherheit in der Welt zu bewahren. Ziel ist also nicht, wie für den ICC, die Straflosigkeit der Täter zu beenden.

Das Recht legt lediglich Verfahrensregeln fest und spricht sich nicht eindeutig für staatliche oder internationale Strafverfolgung aus. Dadurch entsteht der praktische Widerspruch einer nicht stattfindenden nationalen Strafverfolgung in Syrien trotz der allgemeinen Pflicht zur Strafverfolgung. In dieser Hinsicht genügt es nicht, allein auf die Macht der ständigen Mitglieder des Sicherheitsrats aufgrund ihres Vetos abzustellen, um den rechtlich gesicherten und auch beschrittenen Verfahrensweg zu erfassen. Wegen der im Völkerstrafrecht festgeschriebenen Selektionsmöglichkeiten (nationale oder internationale Strafverfolgung) ist das Ergebnis der Beratungen des Sicherheitsrates sowohl in Kenia wie auch in Syrien kontingent. Hat diese strukturierte Kontingenz zur Folge, dass sich die liberale beziehungsweise regelgeleitete Weltordnung nicht selbst erhalten kann?

## Strukturierte Kontingenz der liberalen Weltordnung

Die liberale oder regelgeleitete Weltordnung erscheint einerseits mit dem Völkerrecht als Erwartungszusammenhang, andererseits ist das Verhalten von Staaten, internationalen Organisationen und Individuen kontingent. Allerdings tritt diese Kontingenz im Rahmen von strukturierten Möglichkeiten eines normativen Erwartungszusammenhangs auf, das heißt, mit Erwartungen übereinzustimmen oder in Widerspruch zu diesen zu geraten, ist nur durch die vorausgehende kommunikative Selbstbindung möglich.

57 Den folgenden Kommentar hat der Vertreter Chinas zur Begründung seines Vetos am 22. Mai 2014 abgegeben: »WANG MIN (China) said that for more than three years, the Syrian people had endured deep suffering while the conflict posed a serious challenge to countries in the region and the whole international community. China opposed all acts of violence in violation of international humanitarian law or human rights. However, it had some serious difficulties with the draft resolution. Any action seeking referral to the International Criminal Court should be based on the premise of respect for the judicial sovereignty of States and the principle of complementarity, he said.« United Nations (Hg.), »Referral of Syria to International Criminal Court Fails as Negative Votes Prevent Security Council from Adopting Draft Resolution«, in: *United Nations*, 22.5.2014; online unter: https://press.un.org/en/2014/sc11407.doc.htm [16.10.2023].

## Funktionserfüllung des Völkerrechts

Die Funktion des Rechts erschöpft sich nicht darin, Erwartungssicherheit zu schaffen, das heißt, seine Einhaltung zu gewährleisten. Es dient auch dazu, Verhalten zu steuern. In Anbetracht der Kontingenz des Verhaltens ist unklar, wie Letzteres gelingen sollte. Recht kann aus sich heraus kein Verhalten determinieren, aber es ist in der Lage, den Möglichkeitshorizont durch den Erwartungszusammenhang vorzustrukturieren und so als limitierender Faktor für Verhalten zu dienen.[58] Dies zeigt sich an den jeweils unterschiedlichen Positionierungen bezüglich der Situationen in Kenia und in Syrien. Trotz der Verletzung des Völkerstrafrechts sorgt der normative Erwartungszusammenhang für Erwartungssicherheit. Auf dieser Grundlage werden und wurden im Sicherheitsrat wiederholt Resolutionen zu Syrien auf den Weg gebracht. Dies garantiert keinen Erfolg des Völkerstrafrechts oder des ICC, zeigt aber, dass an den Erwartungen festgehalten werden kann und sie darüber hinaus Bezugspunkt für global anschlussfähige Solidaritäts-, Hilfs- und Protestaktionen sind.

Wenn die Regierung Kenias die Strafverfolgung durch den ICC ablehnt und die Resolutionen zur Überweisung der Situation in Syrien an den ICC wiederholt abgelehnt werden, besteht Einspruch gegen die internationale Strafverfolgung. Solche Uneinigkeiten sowie die damit einhergehenden politischen Konflikte sind möglich, weil sich die jeweiligen Staaten, internationalen Organisationen oder Individuen kommunikativ an den normativen Erwartungszusammenhang des Völkerstrafrechts binden. Die aufgestellte These ist daher so zu präzisieren, dass Verbindlichkeit eine notwendige Voraussetzung für Widerspruch und insofern Konflikt ist. »Von Konflikten wollen wir immer dann sprechen, wenn einer Kommunikation widersprochen wird [ … ]. Ein Konflikt ist die operative Verselbstständigung eines Widerspruchs durch Kommunikation.«[59] In den beiden diskutierten Fällen kommt es aus politischen Gründen zu Konflikten, die nur vor dem Hintergrund einer strukturierten Kontingenz der liberalen Weltordnung möglich sind.

58 Niklas Luhmann, *Systemtheorie der Gesellschaft*, hrsg. von André Kieserling / Johannes F. K. Schmidt, Berlin 2017, S. 22; Wolfgang Ludwig Schneider, »Struktur und Ereignis in Systemtheorie und objektiver Hermeneutik«, in: Rainer Greshoff / Georg Kneer (Hg.), *Struktur und Ereignis in theorievergleichender Perspektive*. Ein diskursives Buchprojekt, Opladen 1999, S. 143–175.

59 Luhmann, *Soziale Systeme*, S. 530.

Konflikte sorgen mit ihrem kommunikativen Widerspruch dafür, dass Erwartungen irritiert werden. Allerdings steht deshalb nicht unmittelbar der Erwartungszusammenhang selbst zur Disposition.[60] Das machen die Situationen in Kenia und Syrien deutlich, weil in beiden Beispielen die kommunikative Selbstbindung bestätigt wird, indem sich der kommunikative Widerspruch anhand des Prinzips der Komplementarität entfaltet. Das Völkerstrafrecht soll »der Straflosigkeit der Täter ein Ende«[61] bereiten, allerdings scheinen weder Syrien noch Kenia dazu gewillt zu sein. Die Konflikte verlaufen innerhalb des Erwartungszusammenhangs und gelangen im Rahmen eines kontingenten, aber strukturierten Möglichkeitshorizonts zu Entscheidungen.

Die Funktionalität des Rechts in der liberalen Weltordnung wird durch die Kombination aus kommunikativer Selbstbindung und kommunikativem Widerspruch in Verfahren gewährleistet. Verfahren bieten einen Umgang mit Konflikten und führen auf Entscheidungen hin. Gleichzeitig verhindern sie eine Generalisierung des Konflikts und damit die Auflösung des Erwartungszusammenhangs. Der Niedergang der liberalen Weltordnung lässt sich auf dieser Grundlage empirisch prüfen: Generalisieren sich Konflikte?[62] Lassen sich kommunikative Selbstbindung und kommunikativer Widerspruch in Verfahren nicht mehr kombinieren? Für die Situationen in Kenia und selbst in Syrien scheint dies nicht der Fall zu sein, obwohl jeweils wünschenswerte Ergebnisse ausbleiben. Für andere Situationen wie im russischen Angriffskrieg gegen die Ukraine oder dem Krieg zwischen Israel und der Hamas bleibt abzuwarten, ob die liberale Weltordnung in der Lage sein wird, diese Situationen verfahrensmäßig einzubinden.

Aus dem Befund ergeben sich verschiedene Konsequenzen, die ich nur kurz anreißen kann: Der entwickelte rechtssoziologische Ansatz lässt sich in ein empirisches Forschungsprogramm übersetzen, das auf die Dichotomie von Recht und Macht verzichtet. Die Kombination aus kommunikativer Selbstbindung und kommunikativem Widerspruch ist auch eine Verbindung von Recht und Macht. Dies bietet sowohl für die Rechtssoziologie als auch für die IB vielfältige Anknüpfungspunkte hinsichtlich der Analyse globaler Phänomene. Für die Debatte um die globale Rechtsordnung zwischen Fragmentierung und Konstitutionalisierung ist festzuhalten: Unterschiedliche Erwartungszusammenhänge wie Völkerstrafrecht oder Völkerumweltrecht widersprechen einander, allerdings ist ein derartiger Widerspruch erst möglich, wenn eine kommunikative Selbstbindung vorhanden ist. Denn erst durch die Bindung an einen Beobachtungsstandpunkt in rechtswissen-

60 Luhmann, *Legitimation durch Verfahren*, S. 101.

61 Präambel des *Römischen Statuts des Internationalen Strafgerichtshofs*.

62 Luhmann, *Legitimation durch Verfahren*, S. 101.

schaftlicher Hinsicht können sich Widersprüche zwischen verschiedenen Rechtsbereichen ergeben. Das spricht gegen eine globale Verfassung, die klare Rechtswege zur Auflösung solcher Widersprüche vorsieht, aber nicht gegen eine Konstitutionalisierung, sofern die Widersprüche die Rechtsfortbildung und vor allem die Bildung prozeduraler Rechtsnormen anregen.

*Henning de Vries ist Geschäftsführer des Internationalen Forschungs- und Dokumentationszentrums Kriegsverbrecherprozesse (ICWC) an der Philipps-Universität Marburg.*
*henning.devries@jura.uni-marburg.de*

*Harald Jähner*

# Ortstermin: Im Gewerbegebiet von San Isidro

Zwischen Agaete und San Isidro gibt es nichts. Jedenfalls nicht viel Menschliches. Steine gibt es, Felsen, schroffe Berge, tiefe Schluchten. Nicht einmal Hase und Igel sagen sich zwischen den beiden Orten im Nordwesten Gran Canarias gute Nacht. Was es gibt, sind Eidechsen. Die zeigen sich aber nicht; man braucht ein gutes Auge, um die grauen Tiere in der grauen Wüste auszumachen. Auf dem felsigen Boden hält sich selbst das leidensfähige kanarische Wolfsmilchgewächs nur in winzigen Exemplaren. Meist ist es ausgedorrt, harrt wochenlang aus bis zum nächsten Regen – ein Strauch, dem man gratulieren muss, dass er noch lebt. Was es sonst noch gibt, ist umso erstaunlicher: gleich drei riesige Supermärkte, deren Logos nachts weithin sichtbar ins Nichts strahlen. Hiperdino, Mercadona, Lidl.

Die Supermärkte liegen an einem Straßenoval auf halber Höhe zwischen schroffen Gipfeln und dem Tal, durch das eine Autobahn führt. Sie bilden zusammen mit drei Autowerkstätten, zwei Glasereien, einem Bettenhaus, einem bescheidenen Möbelhaus, einer Baustoffhandlung und zwei Tankstellen das Poligono industrial de San Isidro. Nun gut, auch in Deutschland kennt fast jede Gemeinde solche Industriegebiete, die eigentlich Verkaufsgebiete sind, da hier nichts hergestellt wird. Sie sind »auf der grünen Wiese« als Plangebiet in einer möglichst nichtswürdigen Ecke eingerichtet worden. Trotzdem ballen sich dort stets mehrere Discounter der immer gleichen Handelsketten, weil keiner dem anderen eine Alleinstellung gönnt. Umgeben von riesigen Parkplätzen, Getränkemärkten und Systemrestaurants bilden sie eine überraschungsfreie Konsumlogistik, der nur hartgesottene Jugendliche etwas Reizvolles abgewinnen können.

Das Poligono industrial steht aber nicht auf der grünen Wiese, sondern auf nacktem Fels, in erhaben schroffer Landschaft und heroischer Lage, und schon das ist wunderbar. Es gibt auch keinen Burger King, lediglich eine kleine Cafeteria und eine Bar, die zu betreten man sich überwinden muss. Die Menschen, die dort an der Theke hocken, sehen so aus, als warteten sie nur darauf, dem Fremden, der jetzt aus der gleißenden Helle ins Dunkel tritt, eine aufs Maul zu hauen. Das scheint aber nur so, da der Eingang unweigerlich an einen Western erinnert. Wenn man erst mal drin ist, erweisen sich die Menschen dort als erstaunlich freundlich.

Die Läden für den Autobedarf sind keine digital sortierten Zubehörshops, in denen Ersatzteile von Kfz-Drogisten ohne jeden Mechanikerverstand überreicht werden, als handle es sich um keimfreie Prothesenteile, sondern hier sind Aficionados am Werk, darunter viele Frauen in ölverschmierten Overalls. Auf einem überdachten Schrottplatz werden alte Autos auseinandergenommen und wie in der Anatomie seziert. Die zerlegten Teile werden beschriftet und in meterhohen Regalen aufbewahrt zum Zweck ihrer möglichen Wiederverwendung: ein düster anmutendes, aber in Wahrheit ständig Finderglück stiftendes Archiv automobiler Vergangenheit im Detail, gesäumt von ausgeweideten Karossen, die ihren Dienst doppelt und dreifach geleistet haben und erst jetzt, als leere Hüllen, in die Schrottpresse überführt werden.

Während die Autodesguace Norte, die Autoverwertung, die Vergangenheit ehrt, triumphiert im Hiperdino, dem größten der drei riesigen Supermärkte, die Gegenwart. Alles da, alles am Platz und von allem viel mehr als nötig. Elf Kassen, eine Parfümerie, die nach Vanille und Aloe duftet, gleich zu Beginn. Zwischen den Regalen so breite Gänge, dass zwei große Einkaufswagen einen dritten parallel überholen könnten. Warmes Licht in gleißender Intensität. Peinlichste Sauberkeit in allen Ecken. In die Düfte von Obst, Gewürzen, Kräutern und Keksen mischt sich der vertrauenerweckende Geruch von Chlor und versichert: Hier gibt's nur, was erwünscht ist. Olivenöl in vierzig Sorten, vom Fläschchen bis zum Kanister. Duftendes Brot in jeder erdenklichen Form. Marmeladen aller Früchte, Weine aus allen spanischen Lagen. *Pile it high, sell it deep,* lautete das Motto von King Kullen, der 1930 den ersten Supermarkt von New York eröffnete. Stapel hoch, mach die Preise niedrig. Seine Stapel waren bieder und bescheiden gegen das, was im Hiperdino inszeniert wird: ein Triumph des Wohlstands, gerade im Kontrast zur extrem kargen Natur außen, auf die ab und an ein Blick durch die Panoramascheiben fällt; das sanfte Glück einer Rundumversorgung, die das Kind verspürt haben muss, als es zum ersten Mal vom Schlaraffenland hörte. Klinisch sauber, wohlverpackt, appetitlich geordnet – hier erinnert nichts mehr an das turbulente Chaos der klassischen Markthallen Gran Canarias, die den Supermärkten vorangingen. Zum Glück gibt es sie noch, erfüllt von den gellenden Rufen der Händler, ihren Scherzen und Streitereien, weit weg von hier, wie in einer anderen Welt.

Aber auch im Hiperdino durchbricht noch rohe Natur die wohlsortierte Künstlichkeit. Totes Getier ragt schockartig ins verwöhnte Auge. Eine Muräne zum Beispiel, bösartig noch als Leiche wirkend, mit einem Maul, das sicher viele hundert Mal aus seinem Versteck herausgeschossen ist, um seine scharfen Zähne in die leckere Beute zu hacken und so fett zu werden, wie sie nun hier auf Eis präsentiert wird. Ein verstörendes Tier unter den vielen braven Schwarmfischen, die neben ihr auf die Käufer warten und auf die Pfanne.

Etwas verstörend wirkt auf den zarten Mitteleuropäer auch der berühmte Schinken, wird er doch nicht nur in Scheiben angeboten. Ganze Schweinebeine sind hier triumphierend ausgestellt, eins neben dem anderen in die Höhe gereckt wie die Beine der Tillergirls. Ein bisschen steht man davor wie Professor Unrat vor den Oberschenkeln Marlene Dietrichs. Aufgebockt ist der Schinken in ganzen Hacksen, vom fetten Oberschenkel bis zu den spitz zulaufenden Beinchen, die schon beim quicklebendigen Schwein etwas allzu Zierliches haben, hier aber, so mausetot, an Stöckelschuhe denken lassen, bis man die zwei Hufe erkennt, die einem aus dem fernen Nebel des Schulwissens das Wort Paarhufer in Erinnerung rufen. Die Schweinebeine wirken unnatürlich schlank, was daran liegt, dass sie alle schon besäbelt sind, um in feinste Scheiben geschnitten zum Probieren angeboten und, wenn alles gefällt, hundertgrammweise verpackt zu werden. Das sorgfältige Probieren ist angeraten, denn der Kauf der besseren Scheiben gleicht einer Investition. Von drei bis zwanzig Euro reicht die Spanne pro einhundert Gramm. Der teuerste ist nicht unbedingt der beste. Die fettgesättigte Reife, die ein vier Jahre gelagerter Bellota im Gaumen entfalten kann – das ist der Schinken von einem Schwein, das sich in den Eichenhainen der Extramadura im Freien bewegte und seine Eicheln selbst suchen musste –, macht den einen süchtig, während der andere sie als fast ranzig, tranig und irgendwie machistisch empfindet. Hat man den richtigen Schinken aus den vielen Sorten, Provenienzen und Altersstufen endlich herausgefunden, kann man sich auch ein ganzes Bein mitnehmen, eingepackt in einer speziellen Tasche, die aussieht, als ginge es zum Golfen.

Tritt man aus dem Hiperdino auf den Asphalt, der, so schnell er schon wieder brö-

Der Supermarkt Hiperdino, westlich von San Isidro de Gáldar auf Gran Canaria, beschäftigt auf 4000 Quadratmetern 88 Mitarbeiter:innen, verfügt über elf Kassen und bietet 300 Parkplätze.

ckelt, nur provisorisch gegossen scheint, und schaut in die überwältigend abweisende Landschaft, die mit ihren vielen gezackten Bergrücken dramatisch ins Meer abfällt, so überfällt einen jedes Mal aufs Neue der Gedanke, wie fremd der Mensch hier im Reich der Echsen ist; wie kolonialistisch seine Anwesenheit wirkt. Nicht nur die der Touristen, die als deplatziert zu empfinden ja nun wirklich keinen Geistesblitz verlangt. Sondern wie provisorisch installiert auch die sogenannten Einheimischen wirken mit ihrer so gastfreundlichen Infrastruktur, die sich an die vulkanische Felsmasse klammert. Sie in eine Kulturlandschaft zu verwandeln, ist ja nur in Ausnahmefällen gelungen. Selbst der Großstadt Las Palmas ist noch immer etwas Abgerungenes eigen, etwas der abweisenden Gegend Abgetrotztes, das in kleineren Siedlungen unübersehbar wird. Selbstverständlich ist hier gar nichts. Einen vergleichbaren Eindruck hatte ich ähnlich stark nur in den Weiten Nordamerikas, in denen die Segnungen der Zivilisation noch immer etwas Vorläufiges, erst kürzlich Errichtetes haben, etwas von einem Vorposten alter Mächte, die ihre Pioniere vor nicht allzu langer Zeit in diese Fremde geschickt haben. Und genauso verhält es sich ja mit den Kanaren tatsächlich, die von europäischen Seefahrern im 14. Jahrhundert wiederentdeckt, dann missioniert und erobert worden waren. Zur Kolonisierung der Neuen Welt bildeten sie die logistisch ideale Zwischenstation.

Menschenleer wie erwartet war der Inselarchipel nicht, als die Spanier ihn erstmals 1403 betraten. Sie trafen auf steinzeitlich lebende Höhlenbewohner, die kurze Röcke aus Schaf- und Ziegenfellen trugen. Diese Urkanarier verdienen die Bezeichnung aber auch nur mit eingeschränktem Recht, waren sie doch noch gar nicht so lange auf den Inseln, vermutlich erst seit der Zeit um Christi Geburt. Genetische Untersuchungen sprechen für eine Verwandtschaft mit Berbervölkern Nordafrikas. Warum sie kamen, vor wem oder was sie flohen, warum sie sich ins Ungewisse aufmachten, weiß niemand. Sie müssen – logisch – mit Booten auf die Inseln gekommen sein. Warum sie dann aber sich in der Folge von den Küsten zurückzogen, keinen Verkehr von Insel zu Insel unterhielten und sich in verschiedenen Gesellschaften auseinanderentwickelten, bleibt rätselhaft. Die Guanchen, wie die Ur- oder Altkanarier oft genannt werden, änderten den Charakter der Inseln kaum. Sie kannten keinen architektonischen Ehrgeiz, richteten sich stattdessen in den zahllosen Höhlen ein und markierten die Gräber ihrer Prominenten mit Steinhaufen. Aber etwa vier Kilometer Luftlinie vom Hiperdino entfernt findet sich in schwindelnder Höhe über einer Schlucht bei Guia etwas, das man als Supermarkt der Ureinwohner Gran Canarias bezeichnen könnte. Sie gruben in das poröse Gestein des heute Montana del Gallego genannten Massivs etwa dreihundert tiefe Ausbuchtungen, in denen sie Getreide und andere Lebensmittel aufbewahrten. Dieses gewaltige ›Regal‹, von unten nicht zu sehen, wurde von Wächtern gesichert. Wie die Vorräte verteilt wurden, wie und ob bezahlt werden musste, ist unbekannt. Verglichen mit den übrigen Hinterlassenschaften der Urkanarier, deren Felsmalereien und Kleinplastiken von großer Anmut sind, wirkt der Supermarkt von Guia geradezu kolossal – so eindrucksvoll, dass die spanischen Kolonisatoren ihn für ein Heiligtum oder ein Kloster hielten. Dass es sich um eine frühe Konsumkathedrale handeln könnte, kam den frommen Rittern nicht in den Sinn. Das Missverständnis gab dem Speicher, den die wiederum allzu nüchterne Anthropologie von heute in dem Wunderwerk zu erkennen glaubt, den falschen Namen Cenobio de Valerón, Kloster von Valerón. Tatsächlich wird es sich um ein frühes Beispiel des Konsumkults gehandelt haben, in den Stein gehauen in Ehrfurcht und Dankbarkeit angesichts einer Natur, die außerhalb einer schmalen fruchtbaren Vegetationszone nichts zu bieten hatte als Staunen und Ehrfurcht und, weit draußen, hinter dem Meer, das Rätsel der Herkunft.

Hart bleibt das Leben hier bis heute, auch wenn man es kaum merkt. Für viel mehr Menschen als die schätzungsweise 100.000 Altkanarier, die vor der Unterwerfung durch die Spanier hier lebten, würden auch heute die natürlichen Ressourcen der Inseln kaum reichen. Inzwischen leben aber 2,2 Millionen Menschen auf den Inseln, über zwölf Millionen kommen jährlich als Touristen an. Tendenz: radikal ansteigend. Wenn die Kanaren nur das verbrauchen würden, was sie auf der Insel erzeugten, hätten sie schon am 14. Januar eines jeden Jahres nichts mehr zu verteilen. Die Handelsbilanz ist extrem negativ: 2010 führten die Kanaren Waren im Wert von 14 Milliarden Euro ein, während die Ausfuhr gerade mal 3,2 Milliarden Euro ausmachte, hauptsächlich in Form von Bananen, Tomaten, Paprika und Gurken. Durch den intensiven Waren- und Personenverkehr zwischen Europa und den Inseln haben sich die Schadstoffemissionen der Kanaren um mindestens 30 Prozent belastender entwickelt als die Festlandspaniens. Die Kanaren stehen, so das Dauerthema der dortigen Presse, kurz vor dem Kollaps.

Aber sind es wirklich ›die Kanaren‹? Sieht man von den gewaltigen Bergmassiven hinunter auf die Küsten, selbst auf den Moloch Las Palmas, spürt man, wie fragil, wie klein, wie leicht wegzuwischen das Ganze ist, das der Mensch hier geschaffen hat. Fast wirkt es nur wie ein wenig Schorf auf der harten Haut der Erde, die gleichgültig aus dem Meer ragt und nur ab und an ein wenig bebt, wie um zu zeigen, dass die Erdgeschichte noch viel zu bieten hat. Das Anthropozän? Hier wirkt die Annahme eines Erdzeitalters, das der Mensch so entscheidend geprägt habe,

Cenobio de Valerón – das ›Warenhaus‹ der Altkanarier. Die etwa dreihundert Höhlen des Getreide- und Lebensmittelspeichers wurden einst mit Hacken in das relativ weiche Gestein eines Vulkankegels gehauen.

dass man es nach ihm benennen müsse, wie eine rührende Selbstüberschätzung. Auch wenn in den letzten fünfzig Jahren viel getan wurde, um die wilde Natur der Inseln einer bequemen Infrastruktur zu unterwerfen, wirken sie im Grunde noch immer so, als seien sie eben erst kolonisiert worden, sozusagen auf Probe. Man könnte das alles auch wieder einpacken und zurück nach Hause gehen.

Inzwischen haben Chinesen einen großen Teil des Haushaltswarenhandels übernommen, natürlich auch im Poligono industrial de San Isidro. Erst betrieben sie nur kleine *Ferreterias* auf den Inseln, die Eisenwarenläden, die von der Kordel bis zur Schere alles anbieten, was man so braucht und was nicht verderben kann. Inzwischen sind riesige Warenhäuser für den kleinen Bedarf von Chinesen errichtet worden – Kramspaläste, in denen es, wie der doppelte Nihilismus sagt, nichts gibt, was es nicht gibt. Im Poligono industrial heißt die Heimstatt dessen, was man sonst noch so braucht, Xiam Home. Ein riesiges, penibel sortiertes Warenlager für Nebensachen. Es könnte auch »Übrigens« heißen: Übrigens, ich brauch noch einen Klebestift. Bei Xiam Home gibt es ihn in vier Größen. Das Regal für Pfannen ist elf Meter lang. Gleich am Eingang stehen Hunderte von Zimmerspringbrunnen in panasiatischer Gestalt. Meist spritzt das Wasser neben einem ruhenden Buddha hervor. Es gibt aber auch konfuzianisch anmutende Greise oder eine Felsenlandschaft mit windzerzausten Kiefern, alles aus Plastik. Die japanische Winkekatze verrichtet unermüdlich ihren Dienst, in Gold lackiert.

Dass das Xiam Home mit asiatischer Lebenswelt missioniert, ist aber eine Ausnahme

© Harald Jähner

Im chinesischen Kaufhaus Xiam Home, Poligono industrial de San Isidro: Zur Auswahl stehen Hunderte von Ponchos, Pelerinen und von Bademänteln – für Hunde.

im Angebot; die Regel ist eine radikale Anpassung an die kanarische Kultur und ihren Zubehörbedarf. Schier endlose Regalreihen bieten Kostüme für den exzessiv gefeierten Karneval, in China nach kanarischem Geschmack produziert. Ob man als Stewardess gehen will, als Geisha, FBI-Beamtin, Wiesnwirtin, Krankenschwester, Barbie, Leopardin oder Meerjungfrau – das Kostüm nebst Accessoires gibt's bei Xiam in jeder Größe. Dasselbe gilt für Hundemaulkörbe: Es gibt sie aus Stahl und Leder für Monstren in Kalbsgröße und als Körbchen für daumengroße Schnauzen. *Pile it high, sell it deep* – das Supermarktprinzip des King Kullen aus New York hat im Xiam Home seine Vollendung gefunden. Vieles hier ist so billig, dass man sich fragt, ob sich der Transport noch rechnet.

Wirklich bestürzend ist das Angebot an grellbunten Kleiderbügeln aus Kunststoff. Abertausende von leeren Bügeln wie eine Drohung. Die Vorstellung der vielen Kleider, die bald auf ihnen hängen werden, ist zum Verzweifeln. Eine Orgie des Überflüssigen, so schnell weggeworfen wie gekauft. Fährt man vom Xiam Home hinunter ans Meer und spaziert nach einer stürmischen Flut den Strand entlang, sieht man einen glitzernden Saum auf dem noch nassen Sand, der sich parallel zur Brandung hinzieht, so weit man sehen kann. Milliarden kleiner Partikel, leuchtend bunt, in allen Farben wie die Neonfische zwischen den Korallen: ein Saum aus klein gemahlenem Plastikmüll, angespült von den Wogen des Atlantiks. Der größte Teil unsichtbar. Blau, gewaltig und gleichgültig liegt der Ozean zu unseren Füßen. Und voller Müll. Und so stellt sich die Frage nach dem Anthropozän doch wieder neu und ernster. Als erhaben galt das Meer, weil niemand, der es befährt, eine Spur hinterlässt. Ein Irrtum. Wir haben es für immer verändert.

*Harald Jähner ist Autor und Journalist.*
*hajaehner@aol.com*

Sommerloch?
Nicht mit uns!
Einzelheft 11 €
Im Abo 7,80/6,20 €
6'24
Blätter für deutsche und internationale Politik
Blätter-Sommerabo
+ Prämie
Die neue »Mosaik-Rechte«
Markus Linden
»Go west«: Das unvollendete Projekt des Jürgen Habermas
Albrecht von Lucke
Klima, Krise, Krieg
Die neuen öko-imperialen Spannungen
Ulrich Brand und Markus Wissen
Plädoyer für eine neue Friedenspolitik
Paul Schäfer
Megacity Neom: Saudi-Arabiens archaischer Futurismus
Marc Thörner
3 Monate für nur 15€: blaetter.de/sommer